Schöningh
westermann

AF203722

EinFach
Deutsch

Franz Kafka

Die Verwandlung

...verstehen

Erarbeitet von
Alexandra Wölke

Herausgegeben von
Johannes Diekhans
Michael Völkl

Diese Neuausgabe
bezieht sich auf
die Textausgabe
mit der Best.-Nr. 022585.

Bildnachweis:

|akg-images GmbH, Berlin: 62; Fototeca Gilardi 71; Heritage Images / Fine Art Images 81. |bpk-Bildagentur, Berlin: 59, 59. |ddp images GmbH, Hamburg: defd Deutscher Fernsehdienst 28, 32, 38, 42, 49, 52, 53. |Kaufhold, Martin, Wiesbaden: martinkaufhold.de 26. |Senn, Martin, Neuenhof: Drahtobjekt: martinsenn.ch, Foto: Rainer Wolfsberger, Zürich 16. |© Archiv Klaus Wagenbach, Berlin-Wilmersdorf: 63.

westermann GRUPPE

© 2013 Bildungshaus Schulbuchverlage Westermann
Schroedel Diesterweg Schöningh Winklers GmbH,
Georg-Westermann-Allee 66, 38104 Braunschweig
www.westermann.de

Druck A[7] / Jahr 2022
Alle Drucke der Serie A sind im Unterricht parallel verwendbar.

Umschlaggestaltung: Nora Krull, Bielefeld
Umschlagbild: © Dr. Christoph Fronius/Foto: bridgemanart.com
Druck und Bindung: Westermann Druck Zwickau GmbH,
Crimmitschauer Straße 43, 08058 Zwickau

ISBN 978-3-14-**022587**-8

Inhaltsverzeichnis

An die Leserin und den Leser

„Sehr geehrter Herr,
Sie haben mich unglücklich gemacht.
Ich habe Ihre Verwandlung gekauft und meiner Kusine
geschenkt. Die weiß sich die Geschichte aber nicht zu
erklären.
Meine Kusine hat's ihrer Mutter gegeben, die weiß auch
keine Erklärung.
Die Mutter hat das Buch meiner anderen Kusine gegeben und die hat auch keine Erklärung.
Nun haben sie an mich geschrieben. Ich soll ihnen die
Geschichte erklären. Weil ich der Doktor der Familie
wäre. Aber ich bin ratlos.
Herr! Ich habe Monate hindurch in Schützengräben
mich mit den Russen herumgehauen und nicht mit der
Wimper gezuckt. Wenn aber das Renommee[1] bei mei-
nen Kusinen zum Teufel ginge, das ertrüg ich nicht.
Nur Sie können mir helfen, Sie müssen es; denn Sie haben mir die Suppe eingebrockt. Also sagen Sie mir, was
meine Kusine sich bei der Verwandlung zu denken hat.

Mit vorzüglicher Hochachtung
ergebenst Dr. Siegfried Wolff"[2]

Dieser Brief erreichte den Autor im Jahr 1917, als seine Erzählung „Die Verwandlung" zwei Jahre veröffentlicht und
er selbst innerhalb der zeitgenössischen Literaturszene zum
Geheimtipp avanciert war. Und obwohl bis in unsere
Gegenwart beinahe ein Jahrhundert vergangen ist, wieder-

---

[1] Renommee: Ansehen einer Person
[2] „Nur Sie können mir helfen". Ein Berliner Leser namens Siegfried
Wolff an Franz Kafka. Berlin-Charlottenburg, 10. April 1917. Marbach
a. N.: Deutsche Schillergesellschaft, 2002. (Marbacher Faksimile 43).
© 2002 Deutsche Schillergesellschaft, Marbach am Neckar.

holt sich die Verwunderung über den unerklärlichen Sachverhalt, der in der Erzählung thematisiert wird: Ein Mensch wacht eines Tages als Ungeziefer in seinem Bett auf. Was soll man sich dabei denken?

Diese Frage hat ganze Generationen von Literaturwissenschaftlern, Philosophen und anderen Denkern beschäftigt, ohne dass dies dazu geführt hätte, dass man dem Hilfe suchenden Briefschreiber jetzt eine befriedigende Antwort geben könnte. Im Gegenteil zeigt die Flut der Kommentare und Erklärungen zur Erzählung ebenso wie Kafkas Schweigen auf den Brief, dass es nicht darum gehen kann, eine *korrekte* oder *vom Autor gewünschte* Interpretation zu finden. Gerade die Rätselhaftigkeit seiner Texte fordert uns als Leser heraus, uns auf die Geschichte Gregor Samsas einzulassen und eine eigene Auseinandersetzung zu wagen.

Warum sich die Mühe lohnt? Vielleicht, um zu ergründen, weshalb die Geschichte nach wie vor Menschen weltweit erschüttert. Mit ihrem Reichtum an inneren Bildern, die aus dem Bereich der Psyche stammen, kann die Erzählung „Die Verwandlung" intensiv berühren. Kafka findet offensichtlich eine Ausdrucksmöglichkeit für Fragen und Probleme, die buchstäblich „an die Substanz gehen" und in die Tiefe führen: Wie fühlt es sich an, von jeglicher Gemeinschaft ausgeschlossen zu werden? Mit welchem Maß an Fremdheit sich selbst und anderen gegenüber kann man noch leben?

Darin allein erschöpft sich jedoch die Faszination noch lange nicht, die von Gregor Samsas Schicksal ausgeht. Kann man sich unter einem ständigen beruflichen und familiären Druck selbst noch treu bleiben? Wodurch wird man buchstäblich vom Menschen zur Kreatur, die einem anderen Willen als dem eigenen unterworfen ist? Mit dem zum Tier degenerierten Menschen Gregor Samsa stellt Kafka zugleich die Frage nach den Erfordernissen für menschenwürdiges Leben.

Damit hat Kafka Themen von zeitloser Aktualität im Bild des Ungeziefers so einleuchtend verdichtet, dass sie zur Auseinandersetzung herausfordern. Das Werk gilt als eine der bedeutendsten Erzählungen des Autors und wurde in alle Weltsprachen übersetzt.

Verschiedene Adaptionen für Bühne und Film zeugen von der außerordentlichen Attraktivität des Stoffes. Mit Roman Polanski in der Hauptrolle entwickelte Steven Berkoff eine Schauspielfassung mit dem Titel „Kafka's Metamorphosis" (1969). 1975 gelang dem Regisseur Jan Nemec eine Literaturverfilmung, die im öffentlich-rechtlichen Fernsehen ausgestrahlt wurde. 1977 und 1993 erschienen englischsprachige Verfilmungen der Erzählung mit dem Titel „The metamorphosis of Mr. Samsa" von Caroline Leaf und „The Metamorphosis of Franz Kafka" von Carlos Atanes. Das Ergebnis des neuerlichen Versuchs des Regisseurs Limor Diamant, der für die Hauptrolle bereits den deutschen Schauspieler Daniel Brühl gewonnen hatte, steht noch aus.

Daneben lässt sich der gedankliche Einfluss der Erzählung auf viele moderne Autorinnen und Autoren wie z. B. Gabriele Wohmann, Reinhard Lettau, Peter Handke und Robert Walser, um nur einige deutschsprachige Autoren zu nennen, nachweisen. Aus Amerika liegen einige Umsetzungen des Stoffes in Form von Comicbänden vor, die mehrere Themen und Motive auf anschauliche Weise aufgreifen und aktualisieren.

Der vorliegende Band aus der Reihe „EinFach Deutsch … verstehen" will Ihnen einen Einblick in dieses Stück Weltliteratur eröffnen. Neben ersten Zugängen zur Interpretation der Erzählung dienen Anmerkungen zum biografischen, zeitgeschichtlichen und philosophischen Hintergrund der Vertiefungsmöglichkeit.

Für eine erfolgreiche Prüfungsvorbereitung können Sie sich außerdem die Aufgabenform „Personencharakterisierung" sowie textanalytische Verfahren erarbeiten.

Viel Freude beim Lesen, Denken und Philosophieren wünscht

Alexandra Wölke

Der Inhalt im Überblick

Die Erzählung „Die Verwandlung" von Franz Kafka, entstanden im Jahr 1912 und erstmals erschienen im Jahr 1915 in der expressionistischen Zeitschrift „Die weißen Blätter", thematisiert die Entfremdung des Einzelnen von sich selbst und der Gemeinschaft am Beispiel eines immer weiter eskalierenden Konflikts in einer Familie, der sich an einer unheimlichen Verwandlung des Sohnes entzündet.

Entfremdungs-erfahrung als zentrale Thematik

Erzählt wird die Geschichte des Junggesellen Gregor Samsa, der, zusammen mit seinen Eltern und seiner Schwester Grete in einer Wohnung lebend, sich aus ungeklärter Ursache in ein riesiges Ungeziefer verwandelt hat. Diese Metamorphose verändert nicht nur sein Leben in entscheidender Weise, sondern auch das der übrigen Familienmitglieder, deren Lebensweise von den Bindungen zueinander sowie von gegenseitigen Abhängigkeiten geprägt ist. Ist es vor seiner Verwandlung Gregor, der als einziger Verdiener der Familie für deren Unterhalt aufgekommen ist, so fällt er nach der Verwandlung in der Funktion des Ernährers und damit zugleich als das scheinbare Familienoberhaupt aus.

Da er nicht pünktlich zur Arbeit erschienen ist, stattet Gregors Vorgesetzter, der Prokurist, der Familie Samsa einen Kontrollbesuch ab. Während die Familienmitglieder auf unterschiedliche Art und Weise versuchen, Gregor zum Öffnen seiner Zimmertür zu bewegen, kann dieser mit seiner verwandelten Gestalt noch nicht umgehen und schafft es nur unter großen Anstrengungen und Schmerzen, eine menschliche Körperhaltung einzunehmen und mit dem dafür ungeeigneten Insektenkiefer die Tür zu öffnen. Da die Anwesenden Gregors Absicht, sich zur Aufklärung der Situation zu zeigen, nicht erkennen, kommt es zum Eklat. Schließlich wird Gregor durch die Gewalteinwirkung des

Kontrollbesuch des Prokuristen

Vaters in sein Zimmer zurückgetrieben und darin eingeschlossen.

Obwohl sich Gregor im Laufe der Zeit, unterstützt durch die zunächst fürsorglichen Bemühungen der Schwester Grete, an seinen Tierkörper mit seinen neuen Bedürfnissen gewöhnt, wird er angesichts seiner nunmehr parasitären[1] Rolle in der Familie von Schuldgefühlen geplagt. Es stellt sich jedoch heraus, dass die finanzielle Situation weniger besorgniserregend ist als zunächst befürchtet, da Gregors Vater unbemerkt ein kleines Vermögen beiseitegeschafft hat und die Familie ihren Lebensstandard zunächst aufrechterhalten kann.

Leben im Insektenkörper

Ein Versuch Gretes, das Zimmer Gregors auszuräumen, um es seiner tierischen Seinsweise anzupassen und ihm Bewegungsfreiheit zu ermöglichen, endet erneut in einem offenen Vater-Sohn-Konflikt: Als die zunächst zögernde Mutter schließlich doch beim Ausräumen des Zimmers hilft, verteidigt Gregor seine liebste Habe, ein Bild von einer Dame im Pelz, indem er sich auf das Bild setzt. Daraufhin fällt die Mutter in Ohnmacht. Der Versuch, die Situation klarzustellen und zu helfen, veranlasst Gregor, sich erneut aus seinem Zimmer zu wagen. Der heimkehrende Vater jedoch deutet, motiviert durch eine Bemerkung Gretes, das Verlassen des Zimmers als einen Ausbruchsversuch und bombardiert ihn mit Äpfeln. Einer von diesen dringt so tief in den gepanzerten Rücken ein, dass er dort stecken bleibt und langsam verfault.

Innerfamiliäre Konflikte

Während Gregor ernsthaft verletzt in seinem Zimmer verweilt und sich sein Zustand dramatisch verschlechtert, wächst die Selbstständigkeit und Unabhängigkeit der Familie von ihrem einstigen Ernährer durch die Erwerbstätig-

Erwerbstätigkeit der Familienmitglieder und Vernachlässigung Gregors

---

[1] Parasit: Ein Organismus, der an oder in einem anderen Organismus lebt und seine Nahrung oder andere Leistungen ohne gleichwertige Gegenleistung von seinem Wirt bezieht. Ein parasitäres Dasein bedeutet also ein Leben auf Kosten anderer.

keit aller Familienmitglieder. Die Notwendigkeit, Gregor zu pflegen und ihm einen Platz in der Familie zu bieten, wird zunehmend als Belastung empfunden, was eine Einschränkung der Hilfeleistungen zur Folge hat. Die Vernachlässigung führt bei Gregor zum ersten Mal zu offener Wut auf seine Familie. Die Schwester, die zunehmend durch ihre Arbeit und die Teilnahme an verschiedenen Kursen in Anspruch genommen wird, wird nun im Haushalt durch die Einstellung einer Hausangestellten entlastet. Diese verhält sich Gregor gegenüber neugierig, aber auch respektlos und trägt so zur Vergrößerung seines Leids bei.

Zu einem letzten, offenen Konflikt kommt es schließlich, als sich Gregor, angelockt durch das Violinspiel der Schwester, den drei Untermietern zeigt, die die Samsas zur Verbesserung ihrer finanziellen Lage aufgenommen und seitdem sehr unterwürfig bedient haben. Mit Verweis auf die widerlichen Verhältnisse kündigen sie die Wohnung. In einem sich anschließenden Gespräch innerhalb der Familie fordert Grete energisch die Beseitigung des Ungeziefers, in dem sie nicht mehr ihren Bruder erkennen kann. Im Einverständnis mit diesem Todesurteil zieht sich Gregor beschämt in sein Zimmer zurück und stirbt. Die Familie reagiert erleichtert, kündigt der Bedienerin und wirft mit sofortiger Wirkung die Untermieter heraus. Statt zur Arbeit zu gehen, machen die drei einen Ausflug und schmieden Zukunftspläne.

Familienrat und anschließender Tod Gregors

Die Personenkonstellation

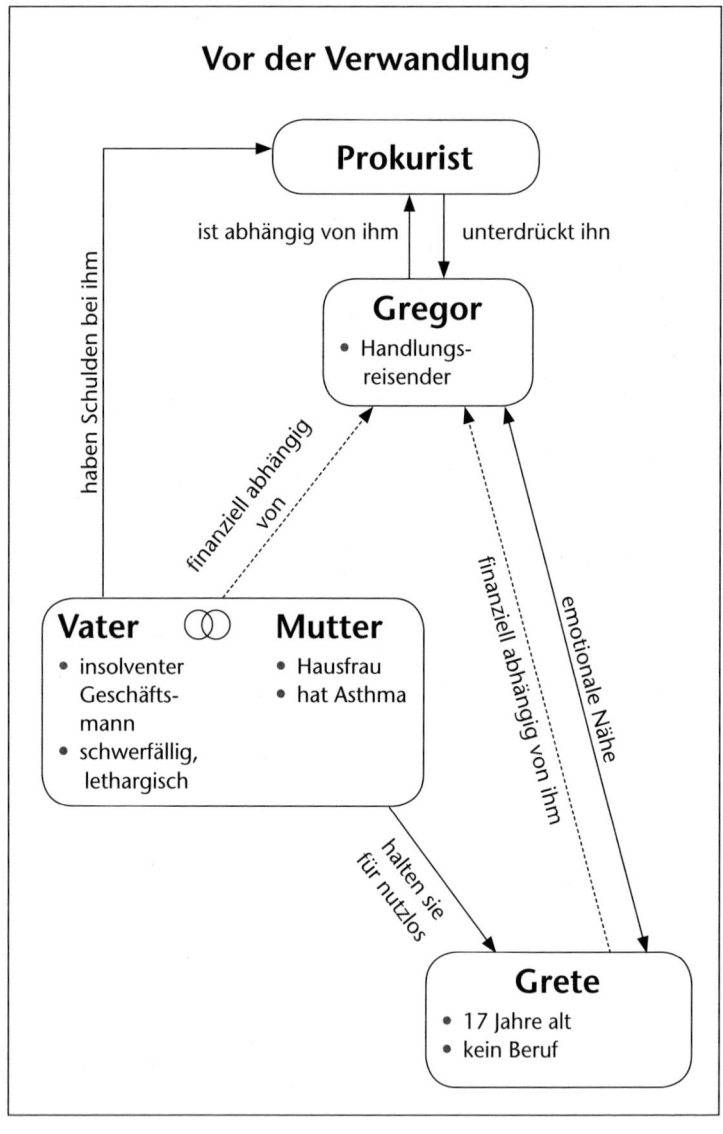

Vor der Verwandlung

Prokurist

haben Schulden bei ihm

ist abhängig von ihm — unterdrückt ihn

Gregor
- Handlungs-
  reisender

finanziell abhängig von

Vater ⬭ **Mutter**
- insolventer
  Geschäfts-
  mann
- schwerfällig,
  lethargisch

- Hausfrau
- hat Asthma

finanziell abhängig von ihm

emotionale Nähe

halten sie
für nutzlos

Grete
- 17 Jahre alt
- kein Beruf

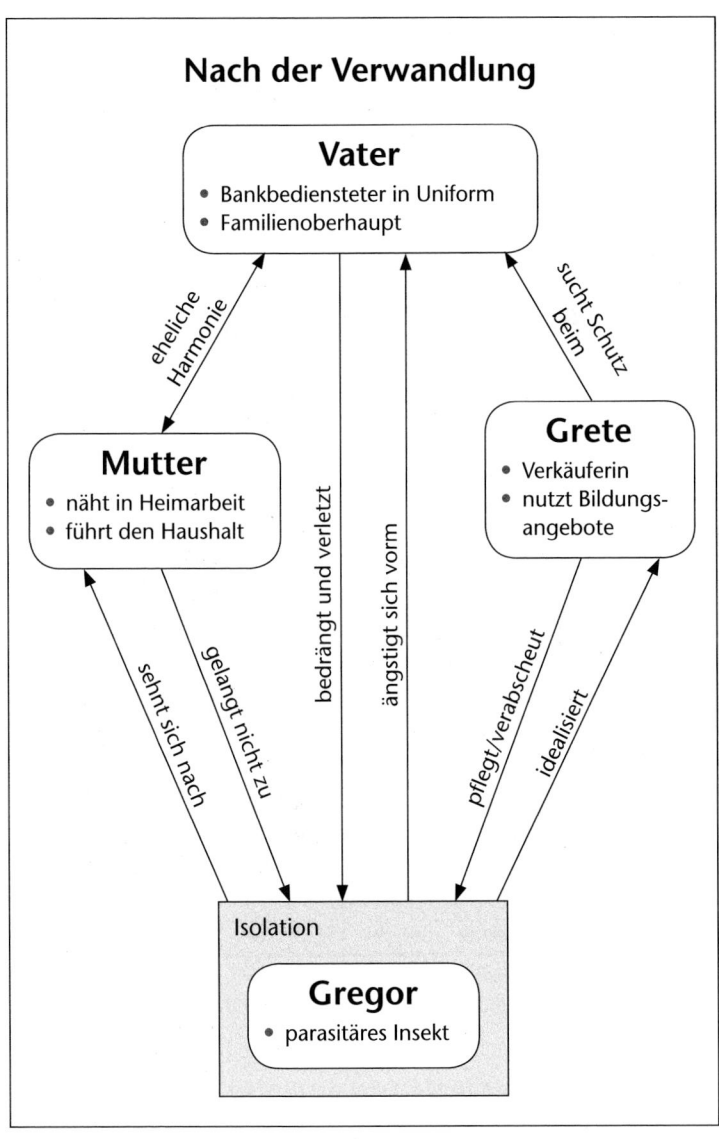

Inhalt, Aufbau und erste Deutungsansätze

Kapitel I

Das Ungeziefer (S. 5)

Unvermittelter Erzählbeginn

„Als Gregor Samsa eines Morgens aus unruhigen Träumen erwachte, fand er sich in seinem Bett zu einem ungeheueren Ungeziefer verwandelt."[1] (S. 5, Z. 1 ff.) Unvermittelt wird der Leser durch diesen berühmt gewordenen Erzählanfang in ein unheimliches Geschehen hineingestoßen, das Fragen aufwirft: „Findet" sich die Hauptperson in dieser neuen Gestalt wirklich „vor" oder ist hier die metaphorisch geprägte Rede von einer „Befindlichkeit"? Was ist die Ursache für die Verwandlung? Wer oder was ist dafür verantwortlich?

Antworten jedoch bleibt der Erzähler dem Leser schuldig. Stattdessen schildert er sehr präzise die unmittelbaren Reaktionen des Betroffenen. Dieser liegt hilflos auf seinem gepanzerten Rücken und sieht seine vielen dünnen Beinchen in der Luft schwirren. Ein Versuch, sich zu drehen, scheitert kläglich, da sein gebogener Rücken ihn immer wieder in die denkbar hilfloseste Position in Rückenlage zurückschaukeln lässt.

Das Insekt als Symbol für den Ausschluss aus der Menschengemeinschaft

Das Bild, das er bietet, ist dabei von ausgeprägter Symbolkraft: Gefangen in einem vollkommen fremden, nicht menschlichen Körper, wird er förmlich herausgerissen aus dem Kreis der menschlichen Gemeinschaft. Das Anderssein wird fortan sein Leben prägen.

Wie er genau aussieht, erfährt der Leser erst nach und nach. Die Erzählperspektive bewirkt, dass er Einzelheiten und Details erst bemerkt, wenn sie auch Gregor auffallen.

---

[1] Sämtliche Stellenangaben beziehen sich auf die im Literaturverzeichnis aufgeführte Textausgabe (Neubearbeitung) des Schöningh Verlags.

Der Erkenntnisprozess Gregors überträgt sich damit auf den Leser, sodass eine Identifikation mit der Hauptfigur naheliegt.

Schon hier wird deutlich, dass die Erzählung „Die Verwandlung" – mit Ausnahme des letzten Erzählabschnitts nach dem Tod der Hauptfigur – aus der Perspektive eines **personalen Erzählers** erzählt wird. Diese ist von Kafka so konsequent durchgehalten worden, dass der Leser die Ereignisse „einsinnig" aus Gregors Sicht – „sehend mit seinen Augen, hörend mit seinen Ohren, seine Gedanken denkend"[1] – wahrnimmt und hierdurch in seine Nähe rückt. Dies führt dazu, dass sich das Erzählte ganz auf das subjektive Erleben der Hauptfigur konzentriert.

Personale, „einsinnige" Erzählperspektive

Durch sprachliche Gestaltungsmittel wie **innere Monologe** und **erlebte Rede** wird das Innenleben der Hauptfigur für den Leser sehr lebendig und authentisch dargestellt, während es hingegen für die übrigen Figuren der Erzählung vollkommen unzugänglich ist: Einerseits können sie seine sprachlichen Äußerungen, die sie als „Tierstimme" (S. 16, Z. 2) wahrnehmen, nicht mehr entschlüsseln, andererseits gelingt es ihnen offensichtlich auch nicht, nonverbale Äußerungen des Verwandelten wie beispielsweise Bewegungsabläufe korrekt zu deuten. Darum herrscht zwischen ihm und den anderen Figuren der Erzählung eine vollkommene Sprachlosigkeit. Insofern haben die Leser einen quasi exklusiven Zugang zu den Gedanken, Reflexionen und Gefühlen Gregor Samsas, der sie zugleich auf seine Wahrnehmung und Wertung der Dinge festzulegen scheint.

Sprachlosigkeit zwischen Gregor und den übrigen Figuren der Erzählung

Dem vollständigen „Mitfühlen" und „Miterleben" wirkt die **sprachliche Gestaltung** des Textes entgegen. So wird die ungeheuerliche Tatsache der Verwandlung eines Men-

Sachliche und präzise sprachliche Gestaltung

---

[1] Abraham, Ulf: Franz Kafka. Die Verwandlung. Frankfurt a. M. 1993, S. 28

schen in ein „ungeheuere[s] Ungeziefer" (S. 5, Z. 2 f.) ganz entgegen der Erwartung des Lesers in einem sachlichen und überaus präzisen sprachlichen Stil beschrieben. Wo der Leser Ausdrücke des Entsetzens, des Wahnsinns oder der Angst erwartet, beschreibt Kafka nüchtern mit einem Vokabular wie aus einem Insektenhandbuch die Eigenschaften des Tierkörpers sowie Gregors

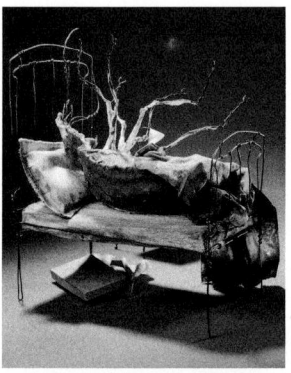

Drahtobjekt von Martin Senn zur Erzählung „Die Verwandlung"

erste Bemühungen, sich aus dem Bett zu bewegen. Das Unterfangen, ein derart fantastisches und unrealistisches Geschehen detailliert und dadurch realitätsnah zu beschreiben, hat Auswirkungen auf Satzbau und Wortwahl. Der Komplexität in der Schilderung derjenigen Körperteile, auf die Gregor herabsehen kann, entspricht der hypotaktische Satzbau mit vielen Haupt- und Nebensatzgefügen sowie Einschüben. Die Detailverliebtheit zeigt sich in der gehäuften Verwendung von Adjektiven und Adverbien, die es dem Leser erlauben, sich sehr genaue Vorstellungen davon zu machen, wie das Ungeziefer aussieht und in welcher räumlichen Umgebung es sich befindet. Einige Passagen lesen sich entsprechend auch „beinahe wie der wissenschaftliche Bericht eines Spezialsachverständigen"[1], wie einer der ersten Rezensenten der Erzählung bemerkte.

Sprachliche Kunstfertigkeit: hypotaktische Satzkonstruktionen und gehäufte Verwendung von Adjektiven und Adverbien

---

[1] Wolf, Hugo: Von Büchern und Noten. In: Der Merkur, Wien, 15. April 1917, zit. in: Franz Kafka. Kritik und Rezeption zu seinen Lebzeiten 1912–1924. Hg. v. Jürgen Born. Frankfurt a. M. 1979, S. 74

Der Einbruch des Ungewöhnlichen findet inmitten der Alltäglichkeit einer bürgerlichen Kleinfamilie statt. Der Erzähler verzichtet auf eine Klärung der Situation und überführt stattdessen die Ungeheuerlichkeit in den Familienalltag der Samsas, damit löst er beim Leser eine Spannung und Erwartungshaltung aus, auf deren Auflösung dieser bis zum Schluss vergeblich wartet.

Unvermittelter Einbruch des Ungewöhnlichen in die Alltäglichkeit einer bürgerlichen Familie

Fasst man die Informationen über Gregors neue Gestalt zusammen, so ergibt sich, dass es sich um ein bräunlich gefärbtes Insekt, etwa in der Größe eines Kleinkindes handelt, welches über die Fähigkeit des Kriechens über Wände und Decken verfügt und dabei einen Klebstoff absondert. Besonders gern hält es sich später unter dem Kanapee auf, was als Indiz für eine gewisse Lichtscheu und eine Bevorzugung von dunklen Aufenthaltsorten gelten kann. Es gibt für die ihn umgebenden Personen wahrnehmbare Laute von sich und verströmt ganz offensichtlich einen starken Geruch, den die Schwester später auch nicht für kurze Zeit bei geschlossenem Fenster ertragen kann. Ähnlichkeiten mit einer Wanze, einer Schabe oder, durch die spätere Betitelung durch die alte Bedienerin, mit einem Mistkäfer drängen sich auf, ohne jedoch durch den Text eindeutig belegbar zu sein.

Körper und Verhalten des Insekts

Gregors Zimmer (S. 5–6)

Im Zentrum des folgenden Abschnitts steht die Beschreibung von Gregors Zimmer. Diese ist insofern sehr aufschlussreich, als sie viel über die konkreten Lebensumstände des Bewohners verrät. Das „richtige[...], nur etwas zu kleine[...] Menschenzimmer" (S. 5, Z. 11) sowie die über den Tisch ausgebreitete „Musterkollektion von Tuchwaren" (S. 5, Z. 13 f.) verweisen auf die übergeordnete Bedeutung des Berufs bei gleichzeitig wenig luxuriösen Lebensbedingungen. Das Zimmer ist nicht nur zu klein, sondern grenzt zudem auch noch an zwei Nebenzimmer: In dem Zimmer

Gregors eingeengtes Leben inmitten seiner Familie

auf der einen Seite lebt die Schwester. Im Zimmer auf der anderen Seite befindet sich das zum Elternzimmer führende Wohnzimmer. Diese räumliche Lage führt dazu, dass jede seiner Regungen bemerkt wird. Seine Sorge um den möglichen Lärm, den sein Aufstehen verursachen könnte, lässt auf eine verkrampfte und übervorsichtige Beziehung zu den anderen Bewohnern der Wohnung schließen.

Die Lage des Zimmers als Symbol für den familiären und beruflichen Druck auf Gregor

Durch die Lage des Zimmers wird zudem der allseitige Druck, dem Gregor ausgesetzt ist, veranschaulicht: Als er später nicht pünktlich zu seiner Arbeit aufbricht, pochen gleich von allen Seiten seine Familienmitglieder an die vielen Türen, um ihn an seine beruflichen Pflichten zu erinnern.

Die Zimmeraufteilung in der Wohnung der Samsas

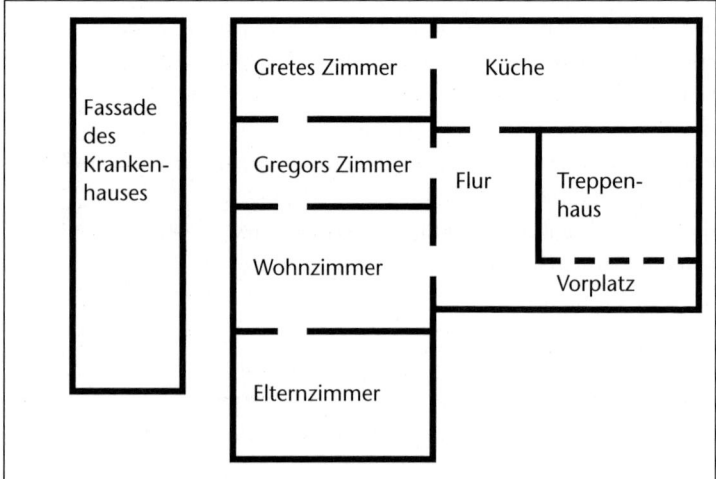

Das Bild von der Dame im Pelz – ein Fantasiegebilde als Ersatz für reale Beziehungen

In Gregors Zimmer hängt ein Bild einer Dame mit auffällig vielen Accessoires aus Pelz, welches er aus einer Illustrierten ausgeschnitten und in einen extra hierfür mühevoll durch „Laubsägearbeiten" (S. 12, Z. 36) angefertigten Holzrahmen gesteckt hat. Dieses Verhalten erinnert an einen Teenager, der für eine idealisierte und zugleich für ihn unerreichbare Frauengestalt schwärmt. Seine Sehnsucht nach Intimität und Nähe scheint er nur in seiner Fantasie auszuleben. Die Tatsache, dass es jenes Bild ist, welches er später beim Ausräumen seines Zimmers durch Schwester und Mutter mit aller Kraft verteidigt, bestätigt die hohe Bedeutung, die er ihm beimisst. Um es behalten zu können, wäre er sogar bereit, seine Schwester anzugreifen. Nicht nur die Aggressionsbereitschaft gegenüber seiner Schwester, sondern auch die Art und Weise der Verteidigung des Bildes – er klebt sich mit seinem heißen Bauch daran fest – deuten darauf hin, dass die Verehrung des Bildes eine erotische Komponente beinhaltet, die ihm als Ersatz für eine reale Beziehung zu einer Frau dient. Dass er Schwierigkeiten beim altersangemessenen Umgang mit dem anderen Geschlecht hat, zeigt auch seine Erinnerung an eine „Kassiererin aus einem Hutgeschäft", um deren Gunst er sich einst „ernsthaft, aber zu langsam" (S. 45, Z. 25 f.) vergeblich bemüht hatte, und an ein Stubenmädchen in einem Hotel in der Provinz.

Dies lässt vermuten, dass es keine länger dauernde partnerschaftliche Beziehung gegeben hat und gegenwärtig gibt. Gregor hat keine Möglichkeit, sich emotional und sexuell auszuleben. Seine Lebensweise deutet indes auf eine grundsätzliche Bindungsunfähigkeit hin.

Gregors gescheiterte Beziehungsversuche und seine Bindungsunfähigkeit

Der verhasste Beruf des Handlungsreisenden (S. 6–7)

Ging es zuvor um die äußere Umgebung, so bekommt der Leser nun einen Einblick in die Gedanken Gregors, die vorrangig um seinen Beruf als Handlungsreisenden kreisen. Die ersten Reaktionen auf seine Metamorphose muten dabei sehr merkwürdig an. Obgleich er bereits realisiert hat, dass es kein Traum ist, versucht er, die Tatsache seiner Verwandlung zunächst zu verdrängen und als „Narrheit[…]" (S. 5, Z. 25) abzutun.

Gregors Entfremdung von seinem Körper und seine Verdrängungsversuche

Gebundenheit an
den verhassten
Beruf des
Handlungs-
reisenden

Die darauf folgenden Reflexionen über seinen „anstren-
genden Beruf" (S. 6, Z. 8) bringen das Unglück seiner
Verwandlung in einen gedanklichen Zusammenhang mit
seiner beruflichen Tätigkeit. Die „Plage des Reisens", das
„unregelmäßige, schlechte Essen" und den „nie herzlich
werdende[n] menschliche[n] Verkehr" (S. 6, Z. 11 ff.)
empfindet er als so belastend, dass er von einer Kündigung
träumt. Dies scheint jedoch unter den gegenwärtigen Umständen nicht möglich, da es nach seiner Kalkulation noch
fünf bis sechs Jahre dauern wird, bis er mit seiner Arbeit die
Schulden seiner Eltern bei seinem Chef abgearbeitet haben
wird. Wie genau diese Schulden zustande gekommen sind,
bleibt unklar. Gregor vermutet als Ursache der Verschul-
dung den Zusammenbruch des väterlichen Geschäfts vor
fünf Jahren, der offensichtlich zu einer Umkehrung der Rollenverteilung in der Familie geführt hat. Seither hat der
Vater nicht gearbeitet. Da Gregor auch der Mutter und der
siebzehnjährigen Schwester wie selbstverständlich das
Geldverdienen durch Erwerbsarbeit nicht zumuten möchte, trägt er die finanzielle Verantwortung allein. Dies bringt
ihn seiner Familie jedoch nicht wirklich näher, im Gegenteil
scheint ihn diese neue Position als Familienoberhaupt von
den übrigen Familienmitgliedern entfremdet zu haben.

Entfremdung von
der Familie

Während seiner Geschäftsreisen stellt er sich vom Neid erfüllt vor, wie die drei zu Hause lebhafte Unterhaltungen
führen. Obwohl die Familie sich von ihm aushalten lässt
und „dankbar" das von ihm „gern" abgelieferte Geld annimmt, will „sich [eine besondere Wärme] nicht mehr ergeben" (S. 29, Z. 23 ff.). Es lässt sich vermuten, dass die
Kälte im Umgang miteinander nicht zuletzt aus gegenseitigen Abhängigkeiten entstanden ist, die niemals offen thematisiert wurden. Für ein in psychischer Hinsicht isoliert-

Misstrauen,
Gefühl des
Bedrohtseins

einsames Dasein spricht auch Gregors Gewohnheit, vor
dem Zubettgehen alle Türen fest zu verschließen. Er scheint
ein grundsätzliches Misstrauen gegenüber anderen Men-

schen zu empfinden, sodass er sich ständig bedroht fühlt. Deshalb lebt er auch dann wie ein Fremdkörper in der Familie, wenn er gerade nicht auf Reisen ist.

Die Unzufriedenheit speist sich auch aus dem Vergleich mit anderen Reisenden, die in seinen Augen weitaus komfortabler leben, während er selbst aus Angst vor dem Chef seine Arbeit derart pflichtbewusst und sorgfältig ausführt, dass seine eigentliche Abscheu für Außenstehende kaum erkennbar ist. Dass er sich in fünf Jahren noch niemals krankgemeldet hat, liegt auch an seiner Angst vor Kontrollbesuchen des Vorgesetzten und dessen möglichen Vorwürfen an seine Familie. Unter allen Umständen möchte er vermeiden, dass seine Familie von möglichen Schwächen oder Problemen in seinem Beruf erfährt, und ist eher bereit, sich dauerhaft zu verstellen. Gegenüber seinen Vorgesetzten, dem Prokuristen und dem Chef, verhält er sich unterwürfig, obwohl er durchaus deren Ungerechtigkeiten und die Härte seines Berufs erkennt. Er leidet unter der hierarchischen Struktur, der ständigen Überwachung und einem einengenden Zeitplan.

Die äußeren Zwänge des Berufs

Von diesen äußeren Bedingungen, die Gregors Beruf mit sich bringt, erfährt der Leser jedoch nur durch dessen Erinnerungen. Weit bedeutsamer ist, welche Folgen seine Lebensumstände für das Bewusstsein Gregors haben. So wird der Blick des Lesers verstärkt auf das Innenleben eines unterdrückten Angestellten gerichtet. Äußere Zwänge wie die Bindung an seine „unschuldige[...] Familie" (S. 11, Z. 31) und das Gefühl der Ausweglosigkeit in Bezug auf seine Arbeit halten ihn davon ab, seinem Inneren Ausdruck zu verleihen, vor den Chef zu treten und ihm seine „Meinung von Grund des Herzens aus" (S. 6, Z. 32) zu sagen. Gefangen in dem Zustand einer dauerhaften Spaltung zwischen äußerem Schein und einem völlig andersgearteten inneren Erleben, fühlt er sich außerstande, Zwänge und Verstrickungen aufzulösen.

Der Blick nach innen: gespaltenes Bewusstsein und Fremdbestimmung

Gregor als doppelt Ausgebeuteter

Von beruflicher und familiärer Seite sieht er sich derart hohen Ansprüchen ausgesetzt, dass er ihnen kaum gerecht werden kann. Gleichzeitig verinnerlicht er sie und setzt sich dadurch zunehmend selbst unter Druck. Da er sich nicht wehrt, wird er in doppelter Hinsicht – von seiner Familie und von den Anforderungen im Beruf bzw. seines Vorgesetzten – ausgebeutet.

Obwohl er über einen kritischen Verstand und über eine wache Beobachtungsgabe verfügt, ist er nicht in der Lage, die notwendigen Konsequenzen aus der Unzufriedenheit mit seiner Lebenssituation zu ziehen. Dadurch kommt es zu Widersprüchen zwischen Denken und Handeln, die anschaulich zeigen, wie er zwischen fremden und eigenen Interessen hin- und hergerissen wird. Ihre metaphorische Entsprechung findet die Fremdbestimmung in der Tiergestalt: Er erlebt sich selbst ebenso wie den Geschäftsdiener, der seine Unpünktlichkeit verrät, als „eine Kreatur des Chefs, ohne Rückgrat und Verstand" (S. 7, Z. 25). Hierdurch wird der Zusammenhang zwischen der Verwandlung und der beruflichen Situation deutlich. Unter anderem fungiert das Bild eines kriechenden Insekts als Metapher für eine von vielen Seiten niedergedrückte Existenz.

Der Körper des Insekts – das Bewusstsein eines Menschen

Noch ganz verhaftet in seiner vorherigen menschlichen Existenzform bewegen sich seine unwillkürlichen Reaktionen auf die neue Situation zwischen Verdrängungs- und Rationalisierungsversuchen. So versucht er zunächst, seine veränderte Körperlichkeit als Fantasie nach zu kurzem Schlaf und die veränderte Stimme als Vorboten einer aufziehenden Erkältung zu deuten. Damit geht er zugleich einer wirklichen und ernsthaften Auseinandersetzung mit seiner Verwandlung aus dem Weg. Möglicherweise ahnt er, dass mit dem Versuch, hinter dieses Geheimnis zu kommen, zugleich eine Konfrontation mit den eigenen Abgründen und ungeliebten Wahrheiten verbunden wäre.

Gregors Weigerung, sich mit seiner Verwandlung auseinanderzusetzen

Absurd mutet schließlich die feste Absicht an, seine Arbeit unverzüglich wieder aufzunehmen. Die hierdurch entstehende groteske, teilweise auch komische Wirkung wird vor allem durch die Diskrepanz zwischen Gregors gegenwärtiger Existenzform und seinem Bewusstsein, welches noch immer in menschlichen Kategorien verhaftet ist, hervorgerufen. Gregor bleibt in der mentalen Verfassung eines Handlungsreisenden und lässt nicht zu, dass die Verwandlung in sein Bewusstsein dringt. Sein Körper ist ihm fremd geworden und er schafft es nicht, diese physische Veränderung zu bewältigen.

Der Prokurist und die Familie Gregors vor dessen verschlossener Zimmertür (S. 11 – 18)

Der Fokus des Lesers wird nun von Gregor weg auf seine Familienangehörigen sowie den Prokuristen seiner Firma gelenkt. Dieser taucht unangemeldet und unverzüglich nach der leichten Verspätung von etwa eineinhalb Stunden bei der Familie Samsa auf, was die Befürchtungen Gregors hinsichtlich seines Berufs erklärt und bestätigt. Das offensichtliche Misstrauen ihm gegenüber empfindet Gregor aufgrund seines äußersten Pflichtbewusstseins als höchst ungerecht. Dennoch kann er sich nicht dagegen wehren, dass mit dem Prokuristen seine berufliche Welt nun auch in seinen privaten Raum eindringt. Ihm wird nicht nur jegliche Rückzugsmöglichkeit genommen, sondern auch sein Recht auf ein selbstbestimmtes und autonomes Leben.

Das Eindringen des Prokuristen als Hinweis auf die Übermacht des Berufs im Leben Gregors

Der Auftritt und die Rede des Prokuristen veranschaulichen den enormen Druck, der auf die Angestellten ausgeübt wird. Auf die Erklärungsversuche der Mutter, die die zunächst verriegelte Tür und das Zögern ihres Sohnes rechtfertigen will, reagiert der Prokurist in manipulativer Absicht mit dem Hinweis, dass „wir Geschäftsleute […] ein leichtes Unwohlsein […] aus geschäftlichen Rücksichten einfach überwinden müssen" (S. 13, Z. 10 ff.). Damit räumt er der unbedingten Pflichterfüllung vor gesundheitlich-körperlichen Bedürfnissen Priorität ein – eine inhumane Forderung, bei der der Angestellte lediglich als ein bloßes Rädchen im Getriebe angesehen wird.

Inhumane Berufswelten

Bloßstellung und Manipulation als Mittel zur Machtausübung

Zudem bedient er sich der Drohung, Gregors Stellung sei aufgrund unbefriedigender Leistungen nicht sicher. Heuchlerisch verweist er obendrein auf die Vorwürfe des Chefs, Gregor habe die ihm neuerdings anvertraute Inkassovollmacht ausgenutzt. Dass ihm daran gelegen ist, Gregor zu erniedrigen, wird vor allem auch dadurch deutlich, dass er diese Drohreden ganz entgegen seiner zuvor beteuerten Absicht vor der gesamten Familie vorbringt.

Die von Gregor und seiner beruflichen Stellung finanziell abhängige Familie reagiert auf die Ankunft des Prokuristen entsprechend unterwürfig. Als Erste richtet Grete flüsternd das Wort an Gregor, was auf eine besondere Nähe zwischen den Geschwistern hinweist. Dass sie zudem zu

Das Weinen der Schwester

schluchzen beginnt, als er nicht sofort die Tür öffnet, beweist, dass sie mit hoher Sensibilität sofort auf ein größeres Unglück schließt.

Indes geht der Vater nüchtern-pragmatisch vor. Schon die erste Kontaktaufnahme zu Gregor vor Ankunft des Prokuristen offenbart sein zielstrebiges, zum Teil auch wenig ein-

Die fordernde Haltung des Vaters

fühlsames Vorgehen. Er klopft „schwach, aber mit der Faust" (S. 8, Z. 20) an die Tür seines Sohnes und unterstellt zudem eine Unordnung im Zimmer. Als sein Sohn nicht öffnet, schickt er nach einem Schlosser. Anstatt sich Sorgen um den Gesundheitszustand seines Sohnes zu machen, ist er demnach in erster Linie darum bemüht, der Forderung des Prokuristen – wenn nötig mit äußerlicher Gewalt – nachzukommen.

Größeres Verständnis gegenüber der Situation Gregors zeigt die Reaktion der Mutter, wenn auch auf eine ganz

Die Sorge der Mutter

andere Art und Weise. Diese kann sich das Verhalten ihres Sohnes, den sie vor jeglicher Kritik durch den Prokuristen schützen möchte, nur mit einer schweren Krankheit erklären. Pflichtschuldig verweist sie auf die sonst übergroße berufliche Verlässlichkeit ihres Sohnes.

Gemeinsam ist den Reaktionen auf die zunächst unverständliche Weigerung Gregors, zur Arbeit zu gehen, eine sehr große Anteilnahme. Diese lässt sich allerdings nicht allein auf die Sorge um den Sohn und Bruder zurückführen, sondern wohl auch auf dessen Funktion als Ernährer der Familie: Was würde mit ihnen passieren, wenn er sich fortan weigern würde, seiner ungeliebten Arbeit nachzugehen?

Allgemeine Besorgnis um den Familienernährer – oder mehr um sich selbst?

Reaktionen auf Gregors Anblick (S. 18–20)

Es folgt eine denkwürdige erste Begegnung zwischen Gregor, seinen Familienmitgliedern und dem Prokuristen. Bevor es jedoch dazu kommt, versucht der in seinem Zimmer gefangene Gregor, die Verantwortung für das weitere Geschehen vollständig in die Hände anderer zu legen. Von ihrer Reaktion will er sein zukünftiges Vorgehen abhängig machen: „Würden sie erschrecken, dann hatte Gregor keine Verantwortung mehr und konnte ruhig sein." (S. 15, Z. 17 ff.)

Fast scheint es dem Leser, als entspräche dies einer im Verborgenen gehegten Sehnsucht. Der Eindruck von Hilflosigkeit und einer beinahe kindlichen Abhängigkeit bestätigt sich auch in seinem Wunsch, von dem Vater und dem Dienstmädchen aus dem Bett gehoben zu werden und bei dem Versuch, die Tür zu öffnen, ermutigend angefeuert zu werden. Obgleich ihm die Erfüllung seiner Fantasien versagt bleibt, gelingt es ihm schließlich, die Tür mithilfe seines Kiefers zu öffnen, allerdings nicht, ohne sich dabei zu verletzen.

Gregors geheime Sehnsucht nach einer Existenz ohne Pflichten und Verantwortung

Die ersten Reaktionen der drei übrigen Samsas und des Prokuristen lassen sogleich auf typische Charaktermerkmale schließen. Die Mutter ist dermaßen überwältigt, dass sie ohnmächtig zu Boden fällt. Bei seinem Vater löst indessen sein Anblick eine Reihe widersprüchlicher Gefühle aus. Während er zunächst abwehrend-aggressiv die Faust ballt und Gregor den Eindruck gewinnt, er wolle ihn in sein Zim-

Indirekte Charakterisierung der Figuren anhand ihrer Reaktionen auf die Verwandlung

mer zurückstoßen, scheint er dann plötzlich unsicher zu werden und weint anschließend sogar, was ihn allerdings später nicht davon abhält, Gregor gewaltsam in sein Zimmer zurückzudrängen. Das völlige Unverständnis gegenüber seinem Sohn und dessen Absichten geht einher mit einer unterwürfigen Haltung gegenüber dem Prokuristen.

Beim Heraustreten Gregors aus seinem Zimmer wird der Blick auf eine Fotografie von ihm als Leutnant beim Militär gerichtet. Dieses verweist auf eine vollständig an bürgerliche Erwartungen angepasste Existenz und wirkt deshalb im Erzählzusammenhang wie ein Zerrbild seiner jetzigen Erscheinungsform. Die anschließende Rede Gregors an den Prokuristen – die jedoch nur für den Leser verständlich ist und seinen Adressaten nicht erreicht – ist von widersprüchlichen Gefühlen geprägt. So erweckt die rhetorische Frage „Wollt ihr, wollt ihr mich wegfahren lassen?" (S. 18, Z. 29) den Eindruck, als ob sich in ihm so etwas wie eine geheime Genugtuung angesichts des allgemeinen Entsetzens breitmacht. Der bitter-ironische Ton, der von jahre-

Marginalien:

Das Bild von Gregor in Leutnantsuniform – Zerrbild der Wirklichkeit

Die Verfolgung des entsetzten Prokuristen ...

Szene aus „Die Verwandlung" (Hessisches Theater Wiesbaden, 2009)

lang unterdrückter Wut zeugt und sich hier Bahn bricht, steht im Widerspruch zu dem Wunsch, den Prokuristen als Fürsprecher in der aussichtslosen Lage zu gewinnen.

Aufschlussreich ist auch die Reaktion des Prokuristen. Die zuvor demonstrierte Überlegenheit und Sprachgewandtheit fallen plötzlich von ihm ab, sodass er nur noch zu unartikulierten „Oh"- und „Huh"-Ausrufen (S. 17, S. 21) in der Lage ist. Zur einsetzenden Sprachlosigkeit gesellen sich weitere Zeichen einer übermäßigen Ängstlichkeit. So weicht er zunächst langsam, dann immer schneller zurück, als habe er „sich soeben die Sohle verbrannt" (S. 19, Z. 34f.). Sein furchtsames Gebaren gewinnt schließlich grotesk-komische Züge, wenn es heißt, dass er sich weit zur Treppe streckt, „als warte dort auf ihn eine geradezu überirdische Erlösung" (S. 19, Z. 36f.).

Gregor hingegen setzt die Verfolgung wahnhaft noch immer in der Hoffnung fort, den Prokuristen umstimmen zu können. Dabei scheint er sich seiner neuen Gestalt und deren Wirkung noch nicht bewusst zu sein, was sich an seinem zu Beginn noch aufrechten Gang zeigt. Im Kampf mit der ihm überlegenen Autorität zeigt er sich sogar bereit, seine eigene Schwester zu instrumentalisieren, damit sie dem Prokuristen den Schrecken ausredet. Vollkommen entkräftet beendet dieser seine Flucht mit einem Sprung über mehrere Stufen. Die Szenerie wirkt umso komischer, als sich durch die Verfolgung und Flucht die vorher festgelegten Machtverhältnisse umkehren, scheinbar ohne dass Gregor dies beabsichtigt. Die einstige Autorität und Machtfülle des Prokuristen fallen von ihm ab – zurückbleibt eine Karikatur seiner Selbst. Diese wiederum zeigt, dass seine Autorität allein auf die äußere Funktion gegründet war und sich hinter ihr ein erschreckender Hohlraum verbirgt.

Sein Verschwinden markiert zugleich in Bezug auf die thematische Gestaltung der Erzählung einen Wechsel: Ging es zunächst vorrangig um den Beruf, so ist es nun die Familie,

... und dessen lächerlich-komischer Abgang

Entlarvung der Autorität als leer und bedeutungslos

die im Vordergrund steht. Die Samsas bleiben allein mit dem Ungeziefer zurück. Gregors Mutter reagiert dermaßen verängstigt, dass sie laut um Hilfe ruft und sich beim angsterfüllten Zurückweichen auf den gedeckten Tisch setzt. Die Menschlichkeit des Bruders und Sohnes und sein Bedürfnis nach Nähe und Akzeptanz werden von niemandem erkannt.

Die Treibjagd des Vaters auf Gregor (S. 21–23)

Der Stock des Prokuristen als Symbol für Gregors Unterdrückung

Der Vater geht mit dem zurückgelassenen Stock des Prokuristen auf seinen Sohn los und jagt diesen zurück in sein Zimmer. Durch dieses Motiv wird ein thematischer Zusammenhang zwischen der beruflichen und privaten Sphäre Gregors geschaffen. Während der Stock im Falle seines Vorgesetzten als Zeichen von Macht und Autorität gilt und auf eine psychische Form des Drucks auf Gregor hinweist, gewinnt er in den Händen des Vaters eine ganz physische Komponente.

Der Vater mit dem Stock des Prokuristen
(Verfilmung von Jan Nemec, 1975)

Der Angriff auf seinen Sohn ist ein Kampf zwischen un- **Angriff des Vaters**
gleich starken Gegnern. Da Gregor noch völlig unvertraut
mit seiner neuen Gestalt ist und entsprechend noch nicht
einmal „die Richtung" (S. 22, Z. 7) halten kann, kommt er
nur sehr langsam vorwärts, was seinen Vater noch aggressiver macht. Um Gregor zurückzutreiben, bedient er sich
nicht etwa der „menschlichen" Sprache, sondern verhält
sich eher wie ein Dompteur: Durch das Füßestampfen, die
Zischlaute und das Schwenken von Stock und Zeitung
wirkt er auf Gregor „wie ein Wilder" (S. 21, Z. 35), dies
erscheint vor allem deshalb unnötig und erzeugt eine groteske Wirkung, da sich Gregor bereits im Rückzug und damit in der Defensive befindet.

Die Rücksichtslosigkeit seines Vorgehens sowie sein man- **Gregors**
gelndes Einfühlungsvermögen zeigen sich besonders auch **Todesangst und**
darin, dass der Vater mit aller Gewalt versucht, Gregor **Verwundung**
durch die für seinen Käferleib zu enge Tür zu treiben. Be-
gleitet von den pausenlos vom Vater ausgestoßenen Lau-
ten, die in Gregors Ohren überdimensioniert wahrgenommen werden, verliert das Insekt mehr und mehr an Orien-
tierungssinn und Kontrolle. Neben den körperlichen
Ursachen mag hier auch die Angst vor der Vernichtung eine Rolle spielen. Schließlich bleibt Gregor in der Türöff-
nung stecken, weil der Vater in seiner Wut nicht die um-
ständlichen Vorbereitungen gestattet hätte, die für den
aufrechten Gang durch die Tür notwendig gewesen
wären. Schließlich gibt ihm sein Vater einen „wahrhaftig
erlösenden starken Stoß" (S. 22, Z. 36f.), woraufhin Gregor heftig blutend hinter der eilig zugeschlagenen Tür
liegen bleibt.

Kaum aus den beruflichen Zwängen befreit, geht für ihn
die Erniedrigung und Unterdrückung in der Familie weiter, **Erniedrigung**
was vor allem an dem rohen Verhalten des Vaters liegt. **durch den Vater**

Kapitel II

Gefangen in der Isolation des eigenen Zimmers (S. 23–25)

Gregor erwacht ernsthaft verletzt und allein gelassen in der Abenddämmerung. Seine neue, durch das Laufen auf seinen vielen Beinchen bedingte Froschperspektive bewirkt, dass er die noch vorhandenen Lichtquellen zwar wahrnimmt, selbst jedoch unten im Finstern bleibt. Dabei weist die Licht-Dunkel-Metaphorik auf eine problematische innere Befindlichkeit der Hauptfigur hin. Gregors Gemüt scheint sich buchstäblich zu verdüstern. Die neue, geduckte Körperhaltung führt dazu, dass er sich in dem Zimmer, das er seit fünf Jahren bewohnt hat, fremd fühlt und eine solche Angst empfindet, dass er trotz der Enge unter das Kanapee flüchtet, wo er sich dann auch „gleich sehr behaglich" (S. 25, Z. 4) fühlt.

Isolation, Dunkelheit und die geduckte Körperhaltung als prägende Faktoren des neuen Daseins

Es beginnt ein Prozess der langsamen Vertierung Gregors. Um sich zu orientieren, muss er sich zunehmend auf seinen neuen Körper, z. B. seine Fühler, verlassen. Bei einem Versuch, die ihm dargereichte Milch zu verzehren, registriert er neben dem veränderten Tastsinn auch eine Veränderung seines Geschmackssinns: Von seinem einstigen Lieblingsgetränk wendet er sich angewidert ab. Gregors Vermutung, dass seine Schwester ihm dieses in einem Napf hingestellt habe, weist einerseits auf eine besondere Vertrautheit der Geschwister, andererseits aber auch auf Gretes Sichtweise auf ihren Bruder als Tier hin. Sie scheint auch in der Vergangenheit die vermittelnde Instanz und die Verbindung zu seiner Familie gewesen zu sein: So weiß er nur durch ihre Erzählungen und Briefe von alltäglichen familiären Gewohnheiten. Im Gegensatz zu Gretes Berichten von einem aus der Zeitung vorlesenden Vater erfährt Gregor das Leben in der Wohnung als nunmehr sehr still. Idealisierend assoziiert er das vergangene Leben der Familie

Veränderungen des Geschmacks- und Geruchssinns als Zeichen der langsamen Vertierung Gregors

mit „Ruhe, [...] Wohlstand [und] Zufriedenheit" (S. 24, Z. 12) und ist stolz darauf, dass er es war, der die finanzielle Grundlage dafür geschaffen hat.

Die Sehnsucht nach Kontakt und Nähe bleibt jedoch unerfüllt. Obgleich das kurzzeitige Öffnen und Schließen aller drei Türen (vgl. S. 24) auf einige zaghafte Versuche seiner Familienmitglieder schließen lässt, zu ihm vor- und durchzudringen, kommt es nicht zu einer wirklichen Begegnung. In völliger Umkehrung der Bedrängnis von allen Seiten nach dem Erscheinen des Prokuristen lassen sich die Familienmitglieder nun trotz geöffneter Tür nicht locken, sich zu ihm zu gesellen. Die Richtung, von der aus die Türen verschlossen werden, zeigt metaphorisch die Ursache der Isolation: Hat er zuvor aus eigenem Willen ein abgesondertes Dasein von der Familie geführt, so sind es nun die anderen, die ihn ausschließen. Dass die Schlüssel von außen stecken, verweist zudem auf den zunehmenden Autonomieverlust Gregors.

Die Tür-Metaphorik als Ausdruck einer unerfüllten Sehnsucht nach Nähe

Die Versorgung durch die Schwester (S. 25–27)

Die erste Aufregung um die Verwandlung hat sich gelegt. Nun müssen sich beide Seiten – sowohl Gregor als auch der Rest der Familie – an das neue Leben gewöhnen. Um seine Isolation zu durchbrechen, fasst Gregor den Entschluss, sich besonders rücksichtsvoll und geduldig zu verhalten. Dafür ist er sogar bereit, seine Bedürfnisse und Wünsche zu verleugnen. Dadurch macht er sich jedoch gleichzeitig als Person unsichtbar, was den Umgang mit ihm und ein tieferes Verständnis für ihn erschwert.

Besonders an der Reaktion der Schwester wird das ganze Ausmaß der gegenseitigen Entfremdung deutlich. Sie erschrickt bei seinem Anblick so sehr, dass sie zunächst unbeherrscht die Tür wieder von außen zuschlägt, um dann schließlich auf den Fußspitzen zu ihm hereinzutreten, „als sei sie bei einem Schwerkranken oder gar bei einem Fremden" (S. 25, Z. 24f.). Die Schilderung der darauf folgenden

Ambivalentes Verhalten der Schwester bei der Pflege und Versorgung Gregors

Die Schwester versorgt das Ungeziefer (Verfilmung von Jan Nemec, 1975)

fürsorglichen Maßnahmen bestätigt diesen Eindruck. Obwohl sie sich bemüht, eine Speise zu finden, die ihrem Bruder schmeckt, und seinen Bewegungsdrang erkennt, drückt sie durch ihre Gestik und Mimik Gefühle des Ekels aus. So hebt sie die nicht angerührte Milch mit einem „Fetzen" auf, bringt eine neue Auswahl an Speisen „auf einer alten Zeitung ausgebreitet" (S. 26, Z. 2 ff.) und verschwindet, um nach Gregors Mahl die Reste in einen Kübel zu schütten und diesen eilig zu schließen. Auch ihre „Seufzer und Anrufe der Heiligen" (S. 27, Z. 29), die sie in Gregors Anwesenheit unter der Annahme, er könne sie nicht verstehen, ausstößt, bestätigen ihren Widerwillen.

Gregors Idealisierung seiner Schwester ...

Umso erstaunlicher ist Gregors Interpretation ihres Verhaltens. In seinen Augen manifestiere sich „Zartgefühl" in ihrem eiligen Rückzug, denn „sie wusste, dass Gregor vor ihr nicht essen würde" (S. 26, Z. 15 f.). Das Umdrehen des Schlüssels ist für ihn kein Einsperren, sondern geschehe nur, damit „Gregor merken könnte, dass er es sich so behaglich machen dürfe, wie er wolle" (S. 26, Z. 17 f.). Seine Rücksichtnahme geht so weit, dass er sich vornimmt, lieber zu verhungern als sie auf seinen veränderten Appetit aufmerksam zu machen.

In ihrer Anwesenheit zieht er sich unter Aufbringung großer Selbstüberwindung unter das Kanapee zurück, wo er
lieber Erstickungsanfälle in Kauf nimmt, als sie seinem Anblick auszusetzen. Bei kritischer Lektüre beginnt der Leser
spätestens jetzt, sich von Gregors Bewertung der Ereignisse
und Personen zu distanzieren und sich ein eigenes Urteil zu
bilden. Die auf subtile[1] Weise geschürten Zweifel an der
Richtigkeit seiner Sichtweise lassen den Leser erkennen,
dass Gregors Denk- und Wahrnehmungsweise sehr einsei-
tig ist. Er stellt die Aussagen des Protagonisten zunehmend
infrage und beginnt, sich auf die Suche nach den Ursachen
für dessen offensichtlich getrübtes Welt- und Menschenbild zu machen.

> ... und seine
> Demuts- und
> Unterwerfungs-
> gesten

Im Widerspruch zu seiner sehr menschlichen Gefühlswelt
stehen ein zunehmend tierisches Körpergefühl und Verhalten. Gregors Wundheilvermögen scheint sich verbessert zu
haben, während jedoch seine Sehkraft immer weiter ab-
nimmt: Von Tag zu Tag sieht er die Dinge aus seinem Zim-
merfenster undeutlicher, sodass er das gegenüberliegende
Krankenhaus und mit ihm vielleicht auch die Hoffnung auf
Heilung schließlich gar nicht mehr wahrnehmen kann.

> Der Prozess der
> Vertierung
> – Gregors
> physisches Sein
> bestimmt
> zunehmend
> seine Identität

Weiterhin zieht es ihn nunmehr nachdrücklich zu Speisen
hin, die bereits nicht mehr ganz frisch sind und die er dann
ein Stück wegschleppt, um sie dort mit seinem zahnlosen
Kiefer saugend zu verzehren. Die Lust am Essen hält jedoch
nicht sehr lang an. Da er auch das Liegen nicht mehr er-
trägt, macht er es sich zur Gewohnheit, über die Decke
und Wände zu kriechen. Immer weniger gelingt ihm das
Durchhalten seiner zuvor fest gehegten Absicht, sich aus
Rücksicht auf seine Familie besonders unauffällig zu benehmen, da zunächst physische, später dann psychische Bedürfnisse dem zuwiderlaufen.

> Schleichende
> Rücknahme der
> Vorsicht und
> Selbstbeschrän-
> kung

---

[1] subtil: unterschwellig, hintergründig, versteckt

Daraus wird deutlich, dass sein physisches Sein als Käfer in zunehmendem Maße seine Identität bestimmt. Doch obwohl seine animalische Seite sich immer mehr in den Vordergrund drängt und obwohl seine Angehörigen ihn längst zur Unperson erklärt haben, bleibt er doch bis zu seinem Tod ein Mensch.

Gespräche am Tisch – die Vermögensverhältnisse der Familie Samsa (S. 28–31)

Die Wahrheit über die finanzielle Situation – Offenbarung einer jahrelangen Täuschung

Gregor kann von den anderen unbemerkt Gespräche wahrnehmen und verstehen. So erfährt er die Wahrheit über die Vermögensverhältnisse und Aussichten aller Familienmitglieder. Während Gregor der Familie sein Erspartes in der festen Überzeugung überlassen hat, dass alles überschüssige Geld verwendet wird, um die Schulden des Vaters gegenüber dem Chef abzutragen, damit er selbst irgendwann die Möglichkeit hat, den ungeliebten Posten kündigen zu können, stellt sich nun heraus, dass dieser noch über ein kleines Vermögen, die daraus erwachsenden Zinsen und einen aus Gregors Verdienst angesparten Geldbetrag verfügt. Statt über diese Information entsetzt zu sein, empfindet Gregor sie als „das erste Erfreuliche, was [er] seit seiner Gefangenschaft zu hören bekam" (S. 29, Z. 4 f.). Hier horcht der Leser verwundert auf: Wie kann Gregor ein solches Verhalten, das ihn in seine belastende und bedrückende Lebenslage gebracht hat, derart gutheißen? Müsste er nicht spätestens jetzt erkennen, wie sehr er ausgenutzt und getäuscht worden ist?

Das Misstrauen des Lesers verstärkt sich umso mehr, als Gregor die Möglichkeiten der übrigen Familienmitglieder zum Geldverdienen und damit zur Sicherung ihrer eigenen Existenz allzu negativ beurteilt: Viel zu schwach sei die Mutter, zu alt und schwerfällig der Vater und zu jugendlich die Schwester (vgl. S. 31, Z. 2 ff.). Insbesondere dieser gönnt er ihre ausgesprochen unbeschwerte Lebensweise.

Es scheint, als würde dem sonst kritischen und aufmerksamen Gregor ein Fehlurteil unterlaufen, wenn es um die Beurteilung seiner Angehörigen geht. Er idealisiert sie derart, dass er eher gravierende persönliche Nachteile in Kauf nimmt, als an seinem Weltbild eine Korrektur vorzunehmen. Aus dieser Selbsttäuschung und Unfähigkeit, aus gewohnten Denkmustern auszubrechen, wird er sich bis zu seinem Tod nicht befreien können.

Gregors idealisierende Sicht auf seine Familienmitglieder – eine Selbsttäuschung

Aus dem Rückblick in die Vergangenheit lassen sich bei aufmerksamem Lesen weitere Risse in dem Bild des Familienidylls, als welches Gregor das Zusammenleben der Samsas überzeichnet, erkennen. So muss man kritisch fragen, wieso er nach dem Zusammenbruch des väterlichen Geschäfts so bedingungslos bereit war, die Rolle des Familienernährers zu übernehmen. Fast drängt sich der Verdacht auf, dass hierbei nicht nur selbstlose Motive eine Rolle gespielt haben. Vielmehr lässt sich vermuten, dass ein ungestilltes Bedürfnis nach Nähe und Zusammengehörigkeit dahinter gesteckt hat und er gehofft hat, dieses mithilfe des Geldes befriedigen zu können. Diese Rechnung ging jedoch nicht auf: Die Dankbarkeit und Wärme der zunächst „beglückten Familie" hielten nicht lang an, sodass die neue und ungewöhnliche Rollenverteilung schließlich zur Selbstverständlichkeit wurde und sich keine „besondere Wärme" (S. 29, Z. 24) zu den Eltern daraus ergeben wollte.

Brodelnde Konflikte hinter dem scheinbaren Familienidyll

Die Gründe für das Scheitern dieses Versuchs, sich als Familienoberhaupt zu etablieren, werden allenfalls angedeutet. Zunächst einmal liegen sie sicherlich in Gregors Persönlichkeit begründet. So lässt sich fragen, ob der introvertierte, überaus pflichtbewusste und zugleich in Beziehungsfragen unreife Junggeselle überhaupt je seine Sehnsucht nach familiärer Geborgenheit offen äußern konnte. Im Gegenteil deutet einiges darauf hin, dass er sich – wenn auch unbewusst – durch sein Verhalten selbst von der übrigen Familie abgesondert hat und von ihr entsprechend als Einzelgänger

Gregors gescheiterter Versuch, die Rolle des Familienoberhaupts zu übernehmen

wahrgenommen wurde. Was die Familie ihm an Liebe und Zugehörigkeit nicht freiwillig gab, wollte er nun offenbar geradezu erkaufen. Trotz seines äußersten Einsatzes konnte er jedoch einzig die Verbindung zur Schwester aufrechterhalten. Aber auch diese war und ist bei näherem Hinsehen nicht unproblematisch. So erscheint zunächst einmal sein Wunsch, sie beim Violinspiel zu fördern und sie darum auf ein Konservatorium zu schicken, als großzügige Geste.

Verdrängung des Vaters aus dessen Position als Erzieher und Familienoberhaupt

Dass er dabei jedoch den Widerstand seiner Eltern gegen diesen Plan nicht berücksichtigt, sondern im Gegenteil plant, dieses Vorhaben an Weihnachten feierlich zu verkünden, zeugt von seiner mangelnden Sensibilität. Statt nach einer einvernehmlichen Lösung zu suchen, will er sich Loyalität und Dankbarkeit der Schwester durch diesen Schritt sichern. Indem er bestimmt, was Grete lernen und wie sie sich entwickeln soll, dringt er in die Erziehungsaufgabe ein, die eigentlich vornehmlich die Eltern haben. Da er zugleich als Einziger die Aufgabe des Geldverdienens übernimmt, verdrängt er damit seinen Vater von dessen Position. Obgleich er sich dessen vielleicht nicht bewusst ist, liegt seinem Handeln der Wille zur Machtausübung zugrunde, den er notfalls auch mit manipulativen Mitteln durchsetzen will.

Darunter leidet nicht nur die Beziehung zum Vater, sondern auch die zu seiner Schwester. Nach und nach wird klar, dass seine Sehnsucht nach ihr deutlich das übliche Maß einer Bruder-Schwester-Beziehung überschreitet. Besonders sein im dritten Kapitel erzählter Wunschtraum, dass sie nach Verkündung seines Plans „in Tränen der Rührung" ausbricht (S. 51, Z. 34) und er daraufhin ihren Hals küsst, lässt aufhorchen. Hier klingen inzestuöse[1] Motive an.

Die inzestuöse Neigung zur Schwester

Er will Grete eigentlich nicht in ihrer Reifung und Entwicklung

---

[1] Inzest (auch Blutschande): Geschlechtsverkehr zwischen verwandten Personen – etwa Bruder und Schwester

fördern, sondern sie besitzen und in kindlicher Abhängigkeit zu ihm *konservieren.*

Zugespitzt lässt sich vermuten, dass das in finanzieller Hinsicht sorglose Dasein die Eltern wie die Schwester in einen Zustand der Faulheit, Abhängigkeit und Unselbstständigkeit versetzt hat, welcher letztlich der ganzen Familie geschadet hat. Hinter dem scheinbaren Familienidyll werden somit Abgründe und Konflikte deutlich, die sich dem Leser indirekt offenbaren, Gregor selbst jedoch offensichtlich verborgen bleiben. Ob er einem solch schonungslosen Blick auf sich selbst und seine Familie überhaupt gewachsen wäre, ist fraglich.

> Die negativen Konsequenzen der umgekehrten Rollenverteilung für alle Familienmitglieder

Erste Konflikte mit Grete (S. 32–39)

Je mehr sich Gregors Zustand als dauerhaft herausstellt, umso angespannter stellt sich die Situation in der Familie dar, zumal besonders die Frauen entgegen ihren eigentlichen Bedürfnissen handeln. Trotz ihres großen Unbehagens fühlt sich Grete nach wie vor für die Ernährung und Pflege Gregors zuständig, leidet jedoch zunehmend unter dieser Aufgabe.

Gregors Idealisierung seiner Schwester hält jedoch an und geht einher mit der Neigung, sich selbst völlig zurückzunehmen. Als sie sogar auf den Anblick eines kleinen Teils von Gregors Leib ausgesprochen nervös reagiert, versucht er, sich in mühevoller Arbeit mit einem Leintuch „ganz und gar abzusperren" (S. 33, Z. 11), obwohl er insgeheim vergebens hofft, die Schwester möge diesen unbequemen Umstand unnötig finden. Auch die dauernde Abwesenheit der Eltern nimmt er hin und ist gar der Meinung, man müsse sie vor seinem Anblick bewahren. In seinen Bemühungen, sich unsichtbar zu machen, um seiner Familie damit entgegenzukommen, lässt sich ein gewisser Grad an Selbsthass erkennen, der zum Teil masochistische Züge annimmt.

> Gregors beschädigtes Selbstwertgefühl ...

... und Gretes steigendes Selbstbewusstsein

Was Grete weiterhin in ihrem Handeln motiviert, lässt sich mit ihrer dadurch veränderten Position im Familiengefüge erklären. Während sie vorher ihren Eltern „als ein etwas nutzloses Mädchen" (S. 33, Z. 21) erschienen war, erkennen sie nun ihre Arbeit an. Schließlich setzt sie sich sogar gegen ihre Mutter durch, als diese Gregor besuchen will, und wird zu einer Art Expertin in den Angelegenheiten ihres Bruders. Ihre gute Beobachtungsgabe lässt sie schnell erkennen, wie sie auf die veränderte Bedürfnislage des immer weiter in sein tierisches Dasein abgleitenden Gregors eingehen kann. So erahnt sie eines Tages seinen Bewegungsdrang und beschließt, die Möbel aus seinem Zimmer zu räumen.

Das Ausräumen des Zimmers – Wegnahme der Erinnerung an ein menschliches Leben

Da sie diesen Plan jedoch nicht allein in die Tat umsetzen kann, bittet sie ihre Mutter in Abwesenheit des Vaters um ihre tatkräftige Hilfe. Obwohl diese erfreut ist, nun endlich zu ihrem

Mutter und Schwester bei der Hausarbeit (Verfilmung von Jan Nemec, 1975)

Sohn zu gelangen, äußert sie Bedenken gegen Gretes Vorhaben, das ihrer Meinung nach endgültig Gregors tierische Seinsweise besiegeln würde. Ihm würde mit dem Verlust der Möbel die Erinnerungen an seine menschliche Existenz geraubt. Scheinbar hofft sie immer noch, dass ihr Sohn wie von einer Reise eines Tages zurückkehrt. Ihr Umgang mit der neuen Gestalt des Sohnes offenbart ihre Neigung zur Verdrängung unangenehmer Tatsachen. Sie will das Offensichtliche und Unumkehrbare der Verwandlung nicht wahrhaben, weshalb sie wiederholt beim Anblick Gregors die Fassung verliert und sich durch Ohnmachtsanfälle der Wirklichkeit entzieht.

Die Worte der Mutter bewirken bei Gregor einen regelrechten Sinneswandel. War er zuvor vollkommen einverstanden mit dem Vorhaben der Schwester, so ist er nun abgeneigt, sein „Zimmer in eine Höhle verwandeln zu lassen" (S. 36, Z. 4 f.). Hierdurch verändert sich besonders auch seine Sicht auf die Schwester, der er auf einmal keine guten Absichten, sondern im Gegenteil auch eigennützige und fast schon hinterhältige Motive zutraut. So unterstellt er ihr plötzlich die Absicht, seine Lage bewusst zu verschlechtern, um noch mehr für ihn leisten zu können und so noch mehr Anerkennung seitens der Eltern zu erhalten.

Gregors radikaler Sinneswandel und die beginnende aggressive Gegenwehr

Die zunehmende Frustration Gregors zeigt sich auch in seiner Bereitschaft, sich zur Wehr zu setzen. Dabei werden seine Interventionsversuche zunehmend hitziger. Den ersten Versuch, dem Geschehen etwas entgegenzusetzen, startet er interessanterweise, als sein Schreibtisch ausgeräumt werden soll. Mit diesem verbindet er offenbar Erinnerungen an seine menschliche Vergangenheit. Symbolisch verdichtet zeigt sich hier, dass Gregor seine Identität an die Tätigkeit des Schreibens und intellektuellen Arbeitens bindet und dass der Verlust des Schreibens und intellektuellen Arbeitens entsprechend schmerzlich für ihn wäre. Beim zweiten Mal geht er weitaus entschlossener vor und setzt sich auf das Bild der Pelzdame an seiner Wand. Was genau die offenbar stützende und heilende Wirkung dieses Bildes ausmacht, bleibt unklar. Möglicherweise deutet es – wie entfernt auch immer – die grundsätzliche Möglichkeit einer Existenz außerhalb der Familie in geschlechtlicher Verbundenheit mit einer Frau an.

Der Schreibtisch und das Bild der Pelzdame – Symbole für Gregors menschliche Identität

Während die Mutter beim Anblick des riesigen braunen Flecks an der Wand sofort in Ohnmacht fällt, reagiert die Schwester ihrerseits aggressiv. Dieses Mal spricht sie Gregor mit dessen Namen an und droht ihm mit der erhobenen Faust. Seine guten Absichten, sich besonders rücksichtsvoll, demütig und bedeckt gegenüber seiner Familie zu verhalten, scheitern letztendlich doch daran, dass er auf die Befriedigung seiner Bedürfnisse dringt und (noch) nicht auf sein Existenzrecht als Mensch zu verzichten bereit ist. Hin- und hergerissen zwischen Schuld- und Schamgefühlen einerseits und seinem Recht auf menschliches Leben andererseits sind Gregors Handlungen zutiefst widersprüchlich: Bei dem rasanten Wechsel zwischen Aggressionsbereitschaft und Demutsgesten kann es nicht verwundern, dass seine Familienmitglieder nicht einmal annähernd in der Lage sind, ihn in seinem Denken und Handeln zu verstehen. Damit, dass nun nicht einmal mehr die Gestik Gregors eindeutig und damit zu entschlüsseln ist, verschärft sich die Kommunikationsunfähigkeit zwischen Gregor und seiner Familie noch um ein Vielfaches.

Gregors widersprüchliche Verhaltensweisen

Dies hat für Gregor verheerende Folgen. Die Geduld der Schwester scheint aufgebraucht zu sein. Auch sie wendet sich nun von ihm ab, sperrt ihn aus seinem Zimmer aus und wendet sich ihrer ohnmächtigen Mutter zu. Von diesem Zeitpunkt an wird die einstige Verbündete zur eigentlichen Hauptgegnerin Gregors. Aus dem verwöhnten Mädchen ist eine willensstarke, kraftvolle Frau geworden, die das weitere Geschehen in entscheidender Weise bestimmt. Als sichtbares Zeichen für ihren Machtgewinn fungiert dabei das Motiv der Faust. War dieses immer dem Vater zugeordnet (vgl. S. 8, Z. 20; S. 18, Z. 2), so bedient sich jetzt Grete dieser Drohgebärde (vgl. S. 38, Z. 35). Die größte Gefahr für Gregor geht von nun an ausgerechnet von der von ihm geliebten Grete aus.

Die Abwendung der Schwester und ihr Machtgewinn

Von einem Glassplitter verletzt, orientierungslos und von Schuldgefühlen geplagt bleibt Gregor im Nebenzimmer liegen. Mit der Abwendung Gretes verliert er die letzte Verbindung zur Familie und damit zugleich zu allem, was er zum Überleben braucht.

Gregors Orientierungslosigkeit

Rückkehr und Angriff des Vaters (S. 40–42)

Der Vater kehrt von seiner Arbeit zurück und wird von Grete knapp und verfälschend über die Ereignisse informiert. Dabei drückt sie sich Hilfe suchend an seine Brust. Schon hier wird deutlich, dass die Abwendung von ihrem Bruder mit der Hinwendung zum Vater einhergeht.

Grete wechselt die Seiten und wendet sich dem Vater zu

Ohne sich ein genaues Bild von den Abläufen zu machen, missdeutet er die Situation sofort als einen Ausbruchsversuch Gregors. Als habe er dies geradezu erwartet und vorausgesehen, reagiert der Vater mit demonstrativer Stärke und Überlegenheit. Ohne Gregors Besänftigungsversuche zu bemerken, zeigt er sich sofort so angriffslustig, „als sei er gleichzeitig wütend und froh" (S. 40, Z. 8 f.), dass sich nach Jahren heimlicher Rivalitäten nun endlich die Gelegenheit einer offenen Konfrontation bietet. Zu seinem kämpferischen Vorgehen passt die veränderte Physiognomie[1], die Gregor nunmehr aus der Froschperspektive wahrnimmt und die ihn ungläubig zweifeln lässt, ob es sich wirklich noch um dieselbe Person handelt. Sprachlich drückt sich das Erstaunen über die gravierenden Veränderungen in ausufernden Beschreibungen der früheren und heutigen Erscheinungsform des Vaters aus.

Der Angriff des Vaters – die heimliche Rivalität verwandelt sich in eine offene Konfrontation

Die Schilderung des vergangenen schwächlichen Zustandes seines Vaters wird in einer langen rhetorischen Frage gebündelt, die gleichermaßen Ungläubigkeit und Entsetzen ausdrückt. In Gregors Erinnerung an frühere Zeiten erscheint der Vater als hilfloser und alter Mann, der sich nur

Die Verwandlung des Vaters von einem senilen Greis in ein vitales Familienoberhaupt

---

[1] Physiognomie: äußeres Erscheinungsbild

Der Vater in Uniform (Verfilmung von Jan Nemec, 1975)

mit Mühe und fremder Unterstützung auf den Beinen halten konnte. Dass er deshalb bei Spaziergängen immer in die Mitte genommen werden musste und sich zudem alle zu ihm herunterbeugen mussten, wenn er etwas sagen wollte, zeigt neben seiner Schwäche aber noch etwas anderes: Auf subtile Weise bildet er damals wie heute den Mittelpunkt der Familie. Offensichtlich hat er die Rolle des Familienoberhaupts niemals wirklich, sondern nur scheinbar an Gregor abgegeben. In Wahrheit ist er stets das Familienoberhaupt geblieben, das sich nun wieder in einer machtvollen Position befindet. Als solches ist er für Gregor ungleich gefährlicher, was dazu führt, dass ihn dieser besonders aufmerksam und voller Angst betrachtet. Jedes beschriebene Detail wie etwa die aufgerichtete Körperhaltung, die Uniform eines Bankangestellten, das Doppelkinn sowie der aufmerksame Blick unter buschigen Augenbrauen (vgl. S. 40, Z. 30 ff.) drückt Energie, Vitalität und Stärke aus.

Gregors angstbesetzte Sichtweise auf seinen Vater

Diese Metamorphose des Vaters macht Gregor Angst, dies wird vor allem durch den Rückblick auf eine überaus strenge Erziehung deutlich gemacht, die dem Verwandelten nunmehr in den Sinn kommt. Wie ein Kind nimmt er seinen Vater aus seiner Position stark vergrößert wahr, was sich sprachlich durch die Verwendung einer Hyperbel („Riesengröße seiner Stiefelsohlen", S. 41, Z. 6 f.) und eines Superlativs („die größte Strenge", S. 41, Z. 9) ausdrückt. Seine Bewegungsabläufe passt der Sohn nun ganz denen des Vaters an, weshalb er in der Position des Reagierenden bleibt. Der Kampf zwischen den beiden Rivalen ist von Anfang an ungleich: Während Gregor schon während des Laufens physisch unter Atemnot und psychisch unter Abstumpfung zu leiden beginnt, ist der Vater noch im Vollbesitz seiner Kräfte, als er beginnt, den Sohn mit Äpfeln zu bewerfen. Die Gefahr, die hierdurch für Gregor entsteht, weckt bei ihm die Assoziation an eine Kriegsszenerie, bei der jeder Apfel zur lebensbedrohlichen Bombe wird. Als einer von ihnen durch den Panzer in Gregors Rücken eindringt, fühlt er einen „unglaubliche[n] Schmerz" (S. 42, Z. 4) und wird bewegungsunfähig.

Auch seine Wahrnehmungsfähigkeit nimmt schließlich stark ab. Mit einem letzten Blick sieht er, wie die aus ihrer Ohnmacht erwachte Mutter – über ihre Röcke stolpernd und sich dabei immer mehr entkleidend – auf ihren Mann zuläuft und „in gänzlicher Vereinigung mit ihm […] um Schonung von Gregors Leben" (S. 42, Z. 13 ff.) bittet. An dem Rettungsversuch ist bemerkenswert, dass die Mutter die erotische Nähe zu ihrem Mann sucht. Die Schilderung erinnert gar an einen sexuellen Akt.

Gregors Reaktion auf das Mit-Ansehen dieser Szene – eine kurzfristige Erblindung – lässt sich als die psychische Erschütterung eines Kindes verstehen, das seine Eltern erstmals als geschlechtliche Wesen wahrnimmt. Der väterliche Angriff auf Gregor demonstriert die Umkehrung der Machtverhältnisse. Gregor fällt zurück in ein längst überwunden geglaubtes Entwicklungsstadium und beginnt, seine Welt zunehmend aus der Perspektive eines Kindes wahrzunehmen.

Rettung durch das Eingreifen der Mutter

Gregors Rückfall in ein kindliches Entwicklungsstadium

Kapitel III

Die prekäre Lage der Samsas (S. 42–44)

Verschlechterung
von Gregors
Zustand

Die Bombardierung mit Äpfeln hat für Gregor auch langfristig schwerwiegende gesundheitliche Folgen. So ist er nicht mehr zu der insektentypischen Bewegungsart, dem Kriechen in der Höhe, in der Lage und kann sich nur noch wie „ein alter Invalide" (S. 42, Z. 26) fortbewegen. Der Apfel, der in seinem Panzer stecken bleibt und verfault, erinnert an eine entzündete Wunde, die in diesem Fall auch psychischer Natur sein kann. Die Erfahrung der Erniedrigung durch den Vater sitzt tief und stellt eine dauerhafte Behinderung in Gregors Leben dar. Trotzdem kann Gregor seiner Situation etwas Gutes abgewinnen, da sein jammervoller Zustand seine Familie zumindest kurzfristig dazu bewegt, ihm durch das Öffnen seiner Tür zu ermöglichen, sie abends – wenn sie am Tisch sitzen – aus dem Dunkel seines Zimmers heraus zu beobachten. Wie sehr er das Gefühl von Gemeinschaft und Zugehörigkeit vermisst hat, zeigt sich daran, dass ihm dieses kleine Zugeständnis bereits als hinreichender Ersatz für seine körperliche Unversehrtheit erscheint und er schon Stunden vorher die Tür im Auge behält.

Der Apfel im
Rücken als
psychische
Wunde

Der Hinweis auf die unterschiedlichen Lichtverhältnisse im Zimmer und außerhalb verweist metaphorisch auf die unterschiedlichen Befindlichkeiten der Personen. Die Dunkelheit zeigt Einsamkeit und Depression, während die Menschen im hell erleuchteten Zimmer (am Tisch sitzend) trotz aller Widrigkeiten eine Gemeinschaft bilden. Da sich Eltern und Schwester dem Anblick der „traurigen und ekelhaften Gestalt" (S. 42, Z. 20) Gregors nicht aussetzen, kann von einem gleichberechtigten Teilnehmen am Familienleben keine Rede sein. Immerhin ist es Gregor möglich, die Befindlichkeiten und Veränderungen seiner Familienmitglieder scharf zu beobachten. Thematisch wird hierdurch der Blick weg von den Befindlichkeiten Gregors zu den sich verändernden Familienstrukturen der Samsas gelenkt. Dass diese einem ständigen Wandlungsprozess unterworfen sind, veranschaulicht die Abhängigkeit des Familiensystems von äußeren Faktoren. Wirtschaftliche, politische und gesellschaftliche Veränderungen beeinflussen das labile Kräfteverhältnis im Familienleben und sorgen für Umbrüche. Hinter den innerfamiliären Konflikten sind demnach auch gesellschaftliche und soziale Probleme verborgen.

Die sich wandelnden Familienstrukturen als Symptom für gesellschaftliche und soziale Gegebenheiten

Die finanziellen Einbußen durch den Wegfall des Hauptverdieners bringen die Samsas offensichtlich in eine so prekäre Lage, dass alle Mitglieder ihr Leben umstellen und sich der veränderten Situation anpassen müssen: So verdient die Mutter Geld durch Näharbeiten dazu, während die Schwester eine Stellung als Verkäuferin annimmt und zugleich Abendkurse in Stenografie und Französisch belegt, um die eigenen Zukunftsperspektiven zu verbessern (vgl. S. 43, Z. 14f.). Auch müssen verschiedene Familienschmuckstücke, die die Frauen in früheren, glücklicheren Zeiten getragen haben, verkauft werden. Da sich bei allen Familienmitgliedern als Folge ein allgemeiner Erschöpfungszustand einstellt, zeigen sich erste Anzeichen von Verwahrlosung. So legt beispielsweise der Vater seine Uniform auch zu Hause nicht ab. Er hindert dadurch die Frauen daran, sie sauber zu halten.

Erwerbstätigkeit der Familienmitglieder als Folge der angespannten finanziellen Lage

Trotz dieser Anzeichen von Starrsinn übernimmt er nun wieder offiziell die Rolle des Familienoberhauptes – ganz in patriarchaler[1] Tradition: Er bleibt, wenn auch schlafend, bis zuletzt am Familientisch präsent und geht erst dann, gestützt von beiden Frauen, ins Bett. Auch zeigt er sich verantwortlich für Entscheidungen, die das Familienleben betreffen wie z. B. die Aufnahme von drei Untermietern (Zimmerherren).

Aufnahme der Zimmerherren und Einstellung der Bedienerin

---

[1] Patriarchat: Herrschaftsform, die durch die Vorherrschaft von Männern über Familien, Sippen, Gemeinden oder Völker gekennzeichnet ist. Das Adjektiv patriarchal wird als Synonym für autoritär sowie männlich bzw. väterlich dominiert gebraucht.

Eine weitere Veränderung besteht in der Entlassung des Dienstmädchens und der Anstellung der neuen Bedienerin, die aufgrund ihrer burschikosen und kraftvoll-vitalen Art für die schweren Arbeiten im Haushalt ausgewählt wird.

Die Wandlung der Familie von einem geschlossenen zu einem offenen System

Mit der Schilderung der Erwerbstätigkeit aller Mitglieder – bis auf Gregor – und dem Eintritt neuer Figuren verändert sich die Erzählbühne: Die Familie wandelt sich von einer beinahe hermetisch nach außen abgeriegelten Kammer zu einem sich nach außen hin öffnenden Raum. Damit eröffnet sich die Frage, welche Konsequenzen daraus für Gregor resultieren: Was bedeutet die Hinwendung seiner Angehörigen zu fremden Menschen und neuen Interessen für ihn? Wie werden Personen, die nicht zur Familie gehören, auf ihn reagieren?

Zunehmende Vernachlässigung Gregors (S. 44–48)

Die Hinwendung der Samsas zur Außenwelt geht mit einer Vernachlässigung und Verwahrlosung Gregors einher. Obwohl er zunächst noch mit Verständnis und Mitleid reagiert, machen sich bei ihm nach und nach immer deutlicher Wut und Verbitterung bemerkbar. Er ist ständig hungrig und vegetiert in seinem dreckigen Zimmer vor sich hin. Dass er die Belastungen, denen seine Familienangehörigen ausgesetzt sind, als unzumutbar empfindet, drückt sich darin aus, dass seine Wunde im Rücken wie neu zu schmerzen anfängt, sobald er die am Tisch weinenden oder nachsinnenden Frauen erblickt.

Der innere Zwiespalt Gregors: Wut über die zunehmende Vernachlässigung ...

... bei gleichzeitigem Schuldgefühl gegenüber seinen Angehörigen

Das sich darin ausdrückende Schuldbewusstsein steht im Zusammenhang mit unwillkürlich aufkommenden Erinnerungen an alte Zeiten, in denen er die Angelegenheiten der Familie allein in der Hand hatte. Durch seinen Beruf hat er zudem verschiedene soziale Kontakte gepflegt, die ihm nun flüchtig in den Sinn kommen. Allerdings ist seine Metamorphose bereits so weit fortgeschritten, dass diese Anklänge an die menschliche Vergangenheit seinem Bewusstsein kaum mehr zugänglich sind.

Angesichts der zunehmenden Lieblosigkeit seiner Schwester schleichen sich jedoch in Gregors Empfinden Züge von Groll und Verärgerung. Nonverbal versucht Gregor, auf die zunehmende Verunreinigung des Zimmers aufmerksam zu machen und dadurch seinerseits Schuldgefühle bei Grete auszulösen, was sie jedoch weder zu bemerken noch zu kümmern scheint.

Auffällig ist zudem die Appetitlosigkeit Gregors, die bereits schon vorher angedeutet wurde (vgl. S. 45, Z. 32 f.) und nun in einer fast gänzlichen Nahrungsverweigerung kulminiert[1] (S. 47, Z. 35) und damit schon auf ein langsames Sterben Gregors hinweist. Die Ursache hierfür liegt nicht im mangelnden Hungergefühl, sondern in dem Widerwillen gegenüber den ihm bekannten Speisen begründet. Es lässt sich vermuten, dass bei dem hier angedeuteten und später aufgegriffenen Motiv der Nahrung neben der physischen Komponente auch die psychische Dimension eine Rolle spielt.

Die Appetitlosigkeit Gregors als Vorausdeutung auf dessen Ende

Der „vertierte" Gregor hungert offensichtlich nach etwas, das ihm bislang durch die ihm angebotenen „Speisen" nicht gegeben wurde und das für ihn lebensnotwendig ist. Angesichts seiner Ergriffenheit durch das Violinspiel Gretes sowie seiner Hoffnung, in der Musik den „Weg zu der ersehnten unbekannten Nahrung" (S. 51, Z. 18) zu erkennen, kann man annehmen, dass es sich hierbei um geistige oder intellektuelle Interessen handeln könnte. Allerdings scheint er es niemals erreicht zu haben, die ihm gemäße Lebensform zu finden und sich dadurch von seinem Außenseiterdasein zu befreien. Die Verzweiflung, die er deshalb empfindet, äußert sich in einer wachsenden Aggressionsbereitschaft und dem Verzicht auf die Rücksichtnahme

Das Motiv der Nahrung – Zeichen für Gregors „Anderssein"

---

[1] kulminieren: den Höhepunkt erreichen

auf andere, auf welche er zuvor so stolz gewesen ist. Die allgemeinen Umgangsformen zwischen Menschen und Tier werden dadurch beiderseits roher.

Die Furcht-
losigkeit der
Bedienerin und
die Erniedrigung
Gregors

Zu Gregors Verbitterung trägt wesentlich auch die alte Bedienerin bei. Sobald sie ihn entdeckt, taucht sie unvermittelt in seinem Zimmer auf und beleidigt ihn durch die Anrede „Mistkäfer" (S. 47, Z. 18 f.). Da sie die Erste ist, die seine Gestalt nicht als erschreckend oder bedrohlich empfindet, sondern im Gegenteil eher neugierig bestaunt, kann Gregor sich vor ihr nicht schützen. Es ist ihr ein Leichtes, einen versuchten Angriff abzuwehren und ihn in Schach zu halten. Mit dieser Erniedrigung führt sie ihm einmal mehr seine Erbärmlichkeit und Nichtsnutzigkeit vor Augen und beschädigt nachhaltig den letzten Rest von Privatsphäre und Selbstachtung, der Gregor noch geblieben ist

Ankunft Zimmerherren – Einbruch der Fremdherrschaft (S. 48–49)

Drei Zimmerherren werden im Hause Samsa als Untermieter aufgenommen und schlagen durch ihre Dominanz ein ganz neues Kapitel in deren Familiengeschichte auf. Sie beanspruchen die Plätze an der Familientafel, an denen einst Gregor und seine Eltern gesessen haben, für sich und rauben zudem besonders den Frauen der Familie durch den Wunsch nach Bewirtung und Belustigung ihre Zeit. Darüber hinaus bringen sie noch ihre eigenen Möbelstücke mit und sind so peinlich auf Ordnung bedacht, dass überflüssige Dinge nunmehr in Gregors Zimmer deponiert werden, welches sich zunehmend in eine Rumpelkammer verwandelt. Obwohl er sich zunächst gern und viel darin bewegt, überkommt ihn anschließend eine depressive Verstimmung, sodass er „zum Sterben müde und traurig" (S. 48, Z. 28 f.) starr in einer Ecke liegt.

Okkupation
(Besetzung) des
familiären
Wohnraums durch
die Zimmerherren

Mit der Aufnahme der Zimmerherren verschieben sich die Machtverhältnisse in der Familie, was besonders an dem unterwürfigen Benehmen der Eltern und der Schwester verdeutlicht wird. Immerzu sind alle um das Wohlbefinden der drei neuen Bewohner besorgt. Ihre wirtschaftlich angespannte Situation zwingt die Familie dazu, deren Eindringen in ihr privates Leben zuzulassen.

Die Dreizahl unterstreicht ihre Präsenz in den Räumen der Familie, nimmt ihnen aber auch jegliche Individualität. So treten sie dann auch weniger als Personen, sondern eher als Typen auf. Erscheinungsbild und Verhalten der drei wirken merkwürdig gleichförmig und konstruiert, sodass eine Fremdheit von ihnen auszugehen scheint, die eine einschüchternde Wirkung hat. So haben die „ernsten Herren […] alle drei […] Vollbärte" (S. 48, Z. 7f.) und sprechen

Die Zimmerherren als Typen statt als Charaktere

Die Zimmerherren bei Tisch (Verfilmung von Jan Nemec, 1975)

kaum miteinander. Unter ihnen scheint es eine geheime Hackordnung zu geben. Anführer scheint der Mittlere der Herren zu sein. Was er sagt und tut, wird von den zwei übrigen einmütig bestätigt und auf eine grotesk-komische Weise kopiert, fast so, als seien sie dessen Klone.

Verkörperung von Gleichförmigkeit und starren Herrschaftsstrukturen

Sehr fordernd bestehen sie darauf, dass ihre Bedürfnisse erfüllt werden. Sie achten dabei in keiner Weise auf die ihrer Vermieter. So nehmen sie ihr Essen, das wie selbstverständlich von den Frauen der Familie zubereitet wird, am Familientisch ein und verhalten sich während der Mahlzeiten wie Restaurantkritiker, indem sie sich prüfend über die zubereiteten Speisen beugen (vgl. S. 49, Z. 11 f.). An ihrem Erscheinen zeigt sich, wie schnell ein zuvor autarkes Familiensystem aus der äußeren Not heraus plötzlich von einer fremden Herrschaft bestimmt wird: die Unterwerfung zuvor souveräner Charaktere und ihre Wandlung in willenlose Untertanen.

Gretes Violinspiel und die Folgen (S. 50–53)

Es kommt schließlich zu einer Begegnung zwischen den Zimmerherren und Gregor, die sein Schicksal besiegeln soll. Der Vater, mittlerweile ein Diener im eigenen Hause, ist erpicht darauf, den Zimmerherren alles recht zu machen. Als diese auf das Violinspiel der Schwester in der Küche aufmerksam werden, reagiert er alarmiert und bietet pflichtschuldig – ohne seine Tochter zu fragen – an, es einzustellen. Neben ihrer anspruchsvollen und rücksichtslosen Haltung fällt Gregor besonders ihre strotzende Vitalität auf, die sich in einem großen Appetit ausdrückt und die im Gegensatz zu seiner stets wachsenden Abneigung gegen alle bekannten Speisen steht. So schließt er von dem Geräusch ihrer kauenden Zähne kontrastierend auf die eigene Unzulänglichkeit und Lebensuntüchtigkeit, symbolisiert durch seine „zahnlosen Kiefer[…]" (S. 49, Z. 28 f.).

Auffallend antithetisch ist auch die Interessenlage der Zimmerherren zu der von Gregor angeordnet. Während die drei sich sehr banal dann zufrieden zeigen, wenn sie sich in einer penibel aufgeräumten und sauberen Umgebung bedienen lassen, essen, rauchen und sich entspannen können, würdigen sie indes in keiner Weise Gretes Kunst des

Die Vitalität der Zimmerherren als Kontrast zur Lebensuntüchtigkeit Gregors

Die antithetische Interessen- und Gefühlslage der Zimmerherren und Gregors ...

Violinspielens. Während sie diesem zuerst noch neugierig lauschen und extra für sie das Spiel von der Küche ins Wohnzimmer verlegt wird, ziehen sie „sich bald unter halblauten Gesprächen mit gesenkten Köpfen zum Fenster zurück" (S. 51, Z. 4 f.) und zeigen demonstrativ sowohl Desinteresse als auch Nervosität. Gregor fühlt sich jedoch von der Musik so sehr angezogen, dass er sich kurzfristig von seiner Depression löst und sein Zimmer verlässt, entschlossen, seiner Schwester Anerkennung für ihr Spiel zu zeigen.

Es stehen sich demnach unterschiedliche Eigenschaften gegenüber: Auf der einen Seite stehen Kraft, materiell-körperliche Interessen, ein offenbar wenig komplexes Innenleben und Vitalität, auf der anderen Seite körperliche Schwäche, geistige Interessen, ein kompliziertes und zerrissenes Innenleben und eine damit einhergehende Zerbrechlichkeit.

… als Sinnbild für zwei kontrastierende Lebensentwürfe

Die Anziehung, die das Violinspiel auf Gregor ausübt, besteht neben dem in dem Nahrungsmotiv ausgedrückten alternativen Lebensentwurf auch in der Erotik, die von der Schwester ausgeht. Nachdem sich Gregor in seinem mittlerweile erbärmlichen Zustand bis ins Wohnzimmer vorgewagt und darüber jegliche Rücksichtnahme vergessen hat, stellt er sich in einem Wunschtraum vor, wie er Grete mit dem Versprechen, sie auf das Konservatorium zu schicken, in sein Zimmer lockt und sie dort nie wieder herauslassen will. Dafür zeigt er sich sogar bereit, seine Schreckgestalt bewusst zu nutzen, um etwaigen Angreifern „entgegen[zu]-fauchen" (S. 51, Z. 25 f.).

Gregors Inzestfantasie und sein Wunsch, die Schwester zu besitzen

Die offene Bereitschaft zur Aggression geht einher mit dem völligen Missverstehen der Schwester und ihrer Bedürfnisse. Während er hofft, sie möge freiwillig bei ihm bleiben und es in Dankbarkeit genießen, wenn er „sich bis zu ihrer Achsel erheben und ihren Hals küssen" (S. 51., Z. 35 f.) würde, sind ihre Gefühle ihm gegenüber immer stärker von

Grete beim
Violinspiel
(Verfilmung
von Jan Nemec,
1975)

Abneigung, Gleichgültigkeit und Ekel geprägt. Obwohl
ihm ihr Reifungsprozess von einem Mädchen zu einer jungen Frau nicht verborgen bleibt, bezieht er doch die innere
Seite ihrer Verwandlung – wachsendes Selbstbewusstsein,
ein ausgeprägter eigener Wille und emanzipatorische Be-
strebungen – nicht in seinen Traum von der Zukunft mit ihr
mit ein. Darin lebt sie in totaler Abhängigkeit von ihm. Offenbar steht hinter der nach außen gezeigten Bereitschaft,
Grete in ihrer Entwicklung zu fördern, eine insgeheime inzestuöse und damit neurotische Wunschfantasie.

Die „widerlichen
Verhältnisse"
in der Familie –
Anspielung auf
innerfamiliäre
Verstrickungen
und Abgründe?

Der Traum endet jedoch jäh mit der Entdeckung des Ungeziefers, welche vor allem bei dem Vater und der Schwester
Aktionismus auslöst. Die Zimmerherren erblicken ihn zuerst und reagieren verärgert, als der Vater ihnen den Ausblick auf das Tier nehmen will. Da sie durch nichts zu be-
sänftigen sind, kündigen sie die Wohnung. Die Begrün-
dung, dass die „in dieser Wohnung und Familie
herrschenden widerlichen Verhältnisse" (S. 53, Z. 1 f.) inak-
zeptabel seien, lässt letztlich offen, ob damit allein Gregor
gemeint ist oder ob insgeheim nicht auch auf krankhafte
und unmenschliche Umgangsformen und innerfamiliäre
Abgründe angespielt wird. Mit diesem Vorwurf verlassen

sie die Wohnung und lassen eine verstörte Familie Samsa zurück.

Familienrat und Tod Gregors (S. 53–59)

Die unklare Situation nach dem Abgang der Zimmerherren löst bei den Familienmitgliedern den Wunsch aus, eine endgültige Lösung für den Umgang mit Gregor zu finden. Er ist mittlerweile zu einem Problem geworden.

Die Familienmitglieder zeigen sehr unterschiedliche Reaktionen, die auf ihren psychischen Zustand schließen lassen. Den Vater scheint sein verzweifelter Versuch, die Situation zu entschärfen und die Oberhand zu behalten, so viel Energie gekostet zu haben, dass er auf dem Sessel zusammensackt und wie irr mit dem Kopf nickt. Gregor selbst verharrt erschrocken und entkräftet in einer Art Totenstarre und fürchtet sich. Die hier deutlich werdende Entschleunigung[1] der Handlung sowie das Fallen der Violine lassen sich als Vorboten einer nun unweigerlich herannahenden Entscheidung deuten, die von Grete eingeleitet wird.

Symptome für die herannahende endgültige Entscheidung

Der Familienrat urteilt über Gregors Schicksal (Verfilmung von Jan Nemec, 1975)

---

[1] Entschleunigung: gezielte Verlangsamung einer (sich bisher ständig beschleunigenden) Entwicklung, einer Tätigkeit o. Ä.

Mit der gedanklichen Trennung des Bruders von dem Insekt, die sich sprachlich in dem für ihn verwendeten Pronomen „es" ausdrückt, argumentiert sie dafür, sich ohne schlechtes Gewissen von Gregor zu trennen. Entschlossen übernimmt sie die führende Rolle im Gespräch. Bei diesem bildet sie wiederum mit ihrem Vater, der ihr in allem recht gibt, eine Einheit.

Vergegenständlichung Gregors durch die Schwester

Die Mutter kann dem nichts entgegensetzen, da sie „mit einem irrsinnigen Ausdruck" (S. 53, Z. 34) in den Augen von einem asthmatischen Anfall geschüttelt wird, der sie handlungsunfähig macht, während Grete nachdrücklich fordert, Gregor loszuwerden. Ihr Weinkrampf rührt den Vater so, dass er nach einer Lösung fragt und zugleich zum ersten Mal die Möglichkeit der Verständigung mit dem Tier in den Blick nimmt.

Doch akzeptiert er sofort Gretes entschiedenes Nein. Für die Suche nach Kommunikationsmöglichkeiten und das Ausloten von Übereinkünften für eine friedliche Koexistenz[1] ist es nun viel zu spät, zu groß ist inzwischen die Entfremdung zwischen Gregor und seiner Familie durch die mannigfachen Missverständnisse und schwelenden Konflikte geworden. Dabei argumentiert die Schwester nachdrücklich, es könne sich bei dem Insekt nicht um ihren Bruder handeln, da dieser die Notwendigkeit seines eigenen Verschwindens sofort eingesehen hätte, anstatt der Familie zur Last zu fallen. Gregors Vordringen interpretiert sie als Geste der Besitzergreifung und nicht als Ausdruck der Sehnsucht nach Nähe und Zusammengehörigkeit.

Zurücknahme der väterlichen Dominanz – die Schwester als Handlungsführende

Dass sie ihm jedes Existenzrecht abspricht, kommt einem Todesurteil gleich. Besonders grausam wirkt dabei der versteckte Appell an den vermeintlich nicht mehr existenten

Todesurteil durch Grete

---

[1] Koexistenz: gleichzeitiges Vorhandensein verschiedener Systeme; oft das friedliche, aber unabhängige Nebeneinander zweier oder mehrerer Dinge

Menschen Gregor, seine Selbstauslöschung in die eigene Hand zu nehmen. Der Rückzug Gregors deutet bereits an, dass er gewillt ist, dieser Forderung Folge zu leisten. Vater und Schwester verharren währenddessen in demonstrativer Geschlossenheit, während die Mutter schließlich sogar erschöpft einschläft. Da Gregor nicht sprechen kann, kann er seinen psychischen Zustand und seine Empfindungen nur körpersprachlich ausdrücken. So verwundert es den Leser nicht, dass sich der Rückweg als so viel mühsamer erweist als das von Sehnsucht und Anziehung getriebene Vordringen.

Ein letzter Blick auf die Familienmitglieder zeigt wiederum die Schwester, die bereits aufgestanden ist, um die Tür zu versperren und Gregor damit seinem Schicksal als Nicht-Mensch zu überlassen. So bleibt sie auch beim Einsperren Gregors in sein Zimmer die treibende Kraft, wenn sie leichtfüßig aufspringt und mit dem Ausruf „Endlich!" (S. 56, Z. 4) seine Tür geräuschvoll verriegelt. Mit der endgültigen Isolation beginnt Gregors Sterben. Bewegungsfähigkeit und Schmerzempfindlichkeit schwinden langsam, sodass er sich sogar „verhältnismäßig behaglich" (S. 56, Z. 11) fühlt.

Der Rückzug von jeglicher menschlichen Gemeinschaft – Anfang vom Ende

Sein Erscheinungsbild ist jämmerlich: Der Staub auf seinem Rücken und der verfaulte Apfel zeugen von Verelendung und Gewalteinwirkung. Beides hat ihm seine Familie angetan. Umso erstaunlicher ist, dass Gregor an sie „mit Rührung und Liebe" (S. 56., Z. 16f.) zurückdenkt. In vollkommenem Einverständnis mit ihrem vernichtenden Urteil stirbt er schließlich friedlich. Dabei erinnern der Zeitpunkt um „die dritte Morgenstunde" (S. 56., Z. 20), das Niedersinken des Kopfes sowie das Hineinstechen in seine Seite durch die Bedienerin an das Leiden und Sterben Jesu.

Der Tod als letzte Konsequenz der totalen Außenseiterexistenz

Mit dem Wechsel von einer personalen zur neutralen bzw. teilweise auktorialen Erzählperspektive nach Gregors Tod geht eine signifikante Veränderung von Stil und Sprache einher. Die geschilderten Vorgänge sind eng an das Handeln

Ausblick in die Zukunft der Familie ohne Gregor – Wechsel der Erzählperspektive

der noch verbleibenden Figuren gebunden. Zunächst wird die Perspektive der Bedienerin, die die Leiche findet, ausgestaltet. Anschließend behilft sich der Erzähler mit der Wiedergabe der darauf folgenden Ereignisse durch szenisches Erzählen, bei dem er sich mit Kommentaren und Wertungen weitgehend zurückhält. Einzig zum Schluss der Erzählung, als er den Einblick in die Zukunftsvorstellungen der verbliebenen Samsas schildert, findet abermals ein kurzzeitiger Wechsel zur auktorialen Erzählperspektive statt. Insofern steht die Reaktion des Umfelds auf Gregors Tod sowohl in sprachlich-formaler als auch in inhaltlicher Hinsicht im krassen Gegensatz zu der vorher geschilderten Todesszene.

Entwürdigung
und Beschädi-
gung Gregors
über seinen Tod
hinaus
Sprache und Benehmen der Bedienerin entwürdigen nachträglich den toten Gregor fast noch mehr als den lebenden. So pfeift sie nach der Erkenntnis seines Todes vor sich hin und bezeichnet das Sterben als Krepieren (vgl. S. 57, Z. 3 f.) und den Leichnam als „Zeug" (S. 59, Z. 28). Auffallend ist auch die Reaktion der Schwester, die ihren Bruder nach dessen Ableben nunmehr wieder mit dem Personalpronomen „er" (S. 57, Z. 23) betitelt und sich über dessen abgemagerten Zustand wundert. Der Widerspruch zu ihrer kurz zuvor geäußerten Auffassung deutet darauf hin, dass sie Gregor aus strategischen Gründen seine menschliche Identität abgesprochen hat. Nun, da das „Problem" gelöst scheint, ist es ihr ein Leichtes, sich wieder in die Rolle der fürsorglichen Schwester einzufinden und sogar Ansätze von Trauer zu zeigen. Ihren eigenen Anteil am Sterben des Bruders bedenkt sie nicht. Auch ist sie zu Empfindungen wie Schuld- oder Schamgefühlen, wie sie für Gregor typisch sind, nicht fähig. Dies macht sie einerseits widerstandsfähig, andererseits aber auch oberflächlich.

Die Austrocknung
als Symbol für ein
unerfülltes Leben
Die buchstäbliche Austrocknung Gregors kann auch als Spiegel des psychischen Zustands Gregors verstanden werden, welcher an dem Mangel an sozialen Kontakten, an

der Unfähigkeit zu beziehungsstiftender Kommunikation sowie an der Sehnsucht nach einer für ihn unerreichbaren Nahrung zugrunde geht.

Ausblick auf ein neues Leben für die Familie Samsa (S. 59–60)

Die neue Familienkonstellation zeigt alle Anzeichen eines hoffnungsvollen Neubeginns. So ist der frischen Luft, die aus dem geöffneten Fenster – Symbol der erneuten vertrauensvollen Öffnung zur Außenwelt – hereinströmt, „schon etwas Lauigkeit beigemischt" (S. 57, Z. 33f.).

Die Familie Samsa erscheint in einträchtiger Geschlossenheit, wobei der Vater den Mittelpunkt bildet. Während die drei nunmehr auffallend zärtlich miteinander umgehen, werden die despotischen und tyrannischen Zimmerherren zunächst schlicht vergessen und schließlich gar der Wohnung verwiesen. Der neu erwachenden Autorität des Vaters haben die zunächst noch siegessicheren Untermieter nichts entgegenzusetzen. Die Reaktion des mittleren und führenden Zimmerherrn, der zu Boden sieht, „als ob sich die Dinge in seinem Kopf zu einer neuen Ordnung zusammenstellten" (S. 58, Z. 19f.), enthüllt die neue innere Stabilität der Familie Samsa, die nun in der Lage ist, sich von allem Belastenden zu befreien.

Zeichen für einen hoffnungsvollen Neubeginn

Der Aufbruch in ein unbeschwertes Dasein wird entschlossen in Angriff genommen. Als Zeichen dafür werden die äußeren Lebensumstände radikal verändert. Es scheint, als sollen damit auch die Erinnerungen an das Leben mit Gregor getilgt werden. Mit dem Rauswurf der Zimmerherren und der Kündigung der Bedienerin sowie der Wohnung, die einst noch Gregor ausgesucht hatte, wird die Absicht des Vaters, mit dem Loslassen der „alten Sachen" (S. 60, Z. 9f.) auch Gregor zu vergessen, umgehend in die Tat umgesetzt. Damit löschen die Samsas ihn förmlich aus ihrem Gedächtnis.

Wiederherstellung der alten, patriarchalen Ordnung

Eine Existenz wie die seine scheint es noch nicht einmal wert zu sein, dass man sich an sie erinnert.

Die Weite der Natur als Sinnbild für die offenen Zukunftsperspektiven

Die erstarkte, autonome Familie lässt sich nunmehr nicht einmal mehr von beruflichen Verpflichtungen aufhalten. Statt zur Arbeit zu gehen, schreiben alle drei – wiederum in einem auffallend parallel gestalteten Gestus – Entschuldigungsbriefe und nehmen sich die Freiheit, in einem sonnendurchschienenen Abteil der Straßenbahn „ins Freie vor die Stadt" (S. 60, Z. 15) zu fahren. Hiermit wird zum ersten Mal die Handlung von der Enge der Wohnung in die Weite der Natur verlegt. Die sich öffnenden Zukunftsperspektiven scheinen ohne jede Einschränkung sowohl im beruflichen als auch im privaten Bereich rosig.

Besonders die Jugendlichkeit und Schönheit Gretes lassen die Hoffnungen ihrer Eltern auf die Erfüllung ihrer bürgerlichen Vorstellungen von einem erfüllten Leben durch eine Heirat neu erwachen. Die Pläne, die sie für ihre Tochter hegen, entsprechen gängigen bürgerlichen Wertvorstellungen. Nun, da der „Störfaktor" der Familie fort ist, scheint für die Samsas ein Leben in Übereinstimmung mit den Erwartungen der Gesellschaft möglich. Die Rückkehr in die

Die bürgerliche Idylle – hat sie eine dunkle Kehrseite?

Normalität beruht indes auf dem Tod und der Auslöschung des „unnormalen" Bruders. Insofern lässt sich fragen, ob in der hier allzu rosig geschilderten Perspektive nicht auch eine implizite Kritik steckt: Lauert hinter der Fassade von Normalität und Stromlinienförmigkeit die Bereitschaft zur brutalen Vernichtung von all jenem, was stört, weil es nutzlos, ungewöhnlich oder anstrengend ist? Kann es eine aufblühende Gesellschaft nur um den Preis geben, dass aus ihr Schwäche, Krankheit und Auffälligkeit ausgemerzt werden?

Der Erzähler enthält sich jeglichen Kommentars und überlässt die Antwort auf diese Frage dem Leser. Sicher ist lediglich, dass mit der Abwesenheit Gregors sich die Ursache der Störung äußerer und innerer Stabilität aufgelöst hat, sodass dem Familienidyll nichts mehr im Wege zu stehen scheint.

Hintergründe

Kafkas Lebensstationen

Franz Kafka wird am 3. Juli 1883 als ältestes Kind des Kaufmanns Hermann Kafka und seiner Frau Julie in Prag geboren. Der Vater, Sohn eines Fleischers, war wenige Jahre zuvor aus einer kleinen jüdischen Gemeinde in der südböhmischen Provinz Osek nach Prag gekommen, hatte die Brauerstochter Julie Löwy geheiratet und sich erfolgreich als Galantariewarenhändler mit dem Verkauf von Stöcken, Schirmen, Zwirn, Modeartikeln und Kurzwaren etabliert.

Hermann Kafka (1852 – 1931)

Der gesellschaftliche und ökonomische Aufstieg der Familie Kafka geht einher mit verschiedenen Umzügen in größere Wohnräume und der Ausdehnung von Haushalt und Geschäft. Der Erstgeborene muss sich oft an eine neue Umgebung und wechselnde Bezugspersonen gewöhnen: Da die Eltern tagsüber im Geschäft tätig sind, überlassen sie Gouvernanten, Dienstmädchen und der Köchin einen Teil der Erziehungsverantwortung.

Kindheit im Geschäftshaushalt der Kafkas

Kafkas Erinnerungen an seine Kindheit sind von der Strenge und dem polternden, cholerischen Wesen des Vaters geprägt. Dass Hermann Kafka viel von seinem Sohn erwartet, mag auch daran liegen, dass zwei weitere Söhne, Georg (*1885) und Heinrich (*1887), wenige Monate nach ihrer Geburt sterben und Franz in der Folge der einzige Sohn bleibt.

Julie Kafka, geb. Löwy (1856 – 1934)

Die gesellschaftliche und materielle Situation der Familie ist zunächst noch instabil und befindet sich – angetrieben durch den Ehrgeiz und das Streben Hermann Kafkas – im steten Wandel. Durch harte Arbeit schaffen sie es schließlich, ihr Geschäft zu etablieren und ihren Lebensstandard an der oberen gesellschaftlichen Schicht zu orientieren.

Kafkas Schwestern Franz Kafka bekommt noch drei Schwestern: 1889 wird Gabriele, genannt Elli, geboren, es folgen ein Jahr später Valerie, genannt Valli, und 1892 Ottilie, genannt Ottla. Die Suche nach sozialer Anerkennung und einem Platz in der Gesellschaft erklärt die elterlichen Entscheidungen bezüglich der Bildung und Erziehung ihrer Kinder. Um besonders ihrem Sohn eine gute berufliche Perspektive zu bieten, entschließen sie sich, ihre Kinder auf deutschsprachige Schulen zu schicken. So besucht Franz Kafka von 1893 bis 1901 das k.u.k. Staatsgymnasium in der Prager Innenstadt und macht dort Abitur.

Stationen auf dem Bildungsweg Anschließend will er – seiner damals schon starken Sehnsucht nach Literatur folgend – zunächst Germanistik studieren, entscheidet sich dann jedoch – dem Willen seines Vaters entsprechend – für Jura. In seiner Universitätszeit lernt er seinen lebenslangen Freund Max Brod kennen und schreibt seine erste Prosa.

Beamtenlaufbahn bei der Arbeiter-Unfall-Versicherungsanstalt Nach dem Abschluss der juristischen Promotion erhält er eine Stelle bei der „Assicurazioni Generali", dann bei der Arbeiter-Unfall-Versicherungsanstalt für das Königreich Böhmen in Prag, wo er bis zu seiner Pensionierung bleibt. Der Wechsel ist vor allem dem Hauptinteresse seines Lebens, der Literatur, geschuldet, für die er durch seine neue Anstellung mehr Zeit findet.

Auch am reichen kulturellen Leben Prags partizipiert er rege, indem er an Diskussionszirkeln, Parteiversammlungen sowie Vortrags- und Theaterabenden teilnimmt. Aufgrund seines Bildungsgrades, seines intellektuellen Interesses und seiner intensiven Reflexion über die Welt, die ihn umgibt, gehört er bald zur geistigen Elite Prags. In seiner Familie nimmt er hingegen nicht zuletzt auch deshalb eine Sonderrolle ein. Dies – sowie der Altersabstand zu seinen Schwestern – erklärt, warum er diesen gegenüber verstärkt die Rolle eines Mentors einnimmt und zu ihrer Bildung und Erziehung wesentlich beiträgt. Dabei wächst besonders zwischen Ottla und ihm eine besondere Vertrautheit, die für beide auch im Erwachsenenalter von entscheidender Wichtigkeit ist.

In dieser Zeit des Bildungshungers und der Teilnahme am reichen kulturellen Leben weckt auch die Begegnung mit einem lebendigen (Ost-)Judentum in der Gestalt einer „Jargontruppe", die jiddische Theaterstücke aufführt, Kafkas Interesse. Sein Vater Hermann Kafka sieht dies nur ungern, denn er blickt auf die Lebensweise vieler Ostjuden – antisemitische Vorurteile teilend – herab und vergleicht den dort tätigen Schauspieler Jizchak Löwy mit einer „Wanze".[1] Kafka reagiert zutiefst verletzt. Die Beleidigung des Freundes ist vielleicht einer der Gründe dafür, dass Kafka später auf die Idee kommt, in der Erzählung „Die Verwandlung" einen zum Insekt gewordenen Menschen darzustellen. Seine freundschaftliche Zuneigung zu Löwy und die Sehnsucht nach Zugehörigkeit lösen bei ihm zudem eine intensive Auseinandersetzung mit dem Judentum aus, in deren Folge er sich mit dessen Geschichte, der hebräischen Sprache und dem Zionismus[2] beschäftigt.

Kafka als junger Intellektueller …

Obwohl er den väterlichen Geschäftsinteressen reserviert gegenübersteht und viel Zeit, Kraft und Energie in die Literatur investiert, sind ihm doch die Schwierigkeiten, in de-

… und als unglücklicher Teilhaber an der Asbestfabrik seines Schwagers

---

[1] Vgl. Franz Kafka: Brief an den Vater, Textausgabe, S. 74

[2] Zionismus: Es handelt sich um die politisch-religiöse Basis der Gründung des Staates Israel. Die zionistische Bewegung entstand im 19. Jh. und war zunächst eine Reaktion auf die Bedrohung durch den Antisemitismus. Zur politischen Kraft wurde der Z. durch die Gründung der Zionistischen Organisation und das Engagement des Präsidenten Theodor Herzl.

nen sich das Geschäft der Familie im Jahr 1911 befindet, nicht gleichgültig. Im Gegenteil, er gibt dem Willen der Eltern nach und beteiligt sich als Gesellschafter an der Asbestfabrik seines Schwagers Karl Hermann. Sehr bald schon bereut er diesen Schritt. Sein mangelndes Engagement in der Fabrik wird zu einem ständig präsenten Thema in der Familie, sodass er sich verschiedensten Anschuldigungen und Vorwürfen ausgesetzt sieht. Sogar seine Lieblingsschwester Ottla gibt in dieser Angelegenheit den Eltern recht. Kafka reagiert entsetzt und empfindet ihre Meinung als Verrat.

Kafkas Lebenskrise zur Entstehungszeit der Erzählung „Die Verwandlung"

Schuldgefühle entstehen aber auch, weil er einen inneren Widerstand dagegen verspürt, als Firmeninhaber an der Ausbeutung der dort arbeitenden Menschen beteiligt zu sein. Da ihn außerdem die Angst plagt, sich nicht mehr angemessen dem Schreiben widmen zu können, empfindet er seine Lebenssituation als so bedrängend, dass er einen Selbstmord in Erwägung zieht.

Gleichwohl ist die Folgezeit im Hinblick auf seine literarische Entwicklung äußerst fruchtbar. 1912 lernt er im Hause seines Freundes Max Brod die Berlinerin Felice Bauer kennen, seine spätere Verlobte, und beginnt eine briefliche Korrespondenz. In einer einzigen Nacht entsteht die erste große Erzählung „Das Urteil" (1912), die er ihr widmet. Im selben Jahr schreibt er zudem die Erzählung „Die Verwandlung" und Teile für den Roman „Der Verschollene". Die Beziehung zu Felice ge-

Beginn der wechselvollen Beziehung mit Felice Bauer

Felice Bauer (1887 – 1960) und Franz Kafka

staltet sich als sehr kompliziert, da er gleichzeitig Angst vor und Sehnsucht nach dem Leben mit einer Ehefrau empfindet. In den Briefen an sie zeigt er sich hin- und hergerissen und bittet sie mal um Intensivierung, mal – um ihretwillen besorgt und sich selbst als lebens- und eheuntüchtig anklagend – um Auflösung ihrer Beziehung. 1914 kommt es zu einer ersten Verlobung, welche er jedoch schon vier Wochen später bei einem Treffen in Berlin wieder löst. In den Folgemonaten beginnt er seine Arbeit am Roman „Der Prozess" und der Erzählung „In der Strafkolonie". Im Jahr darauf gibt Carl Sternheim die mit dem Theodor-Fontane-Preis für Kunst und Literatur verbundene Geldsumme an Kafka weiter, was ihn als einen bis dahin noch weitgehend unbekannten Autor auf indirektem Weg zum Preisträger macht.

Privat kommt es erstmalig zu einem Wiedersehen mit Felice, mit der er dann 1915 Ferien in Marienbad verbringt. Die Versöhnung mit ihr sowie die Möglichkeit, ab November 1916 in einem von der Schwester Ottla gemieteten Häuschen schreiben zu können, erweisen sich als günstig: Es entstehen fast alle Erzählungen des 1920 veröffentlichten Sammelbandes „Ein Landarzt". Von der Entfremdung, die sich zwischen Ottla und ihm 1911 ereignet hat, ist nichts mehr zu spüren. Gegen den Willen des Vaters entschließt sich Ottla im Jahr 1917 – noch unverheiratet –, die Eltern zu verlassen, um den durch den Krieg verwaisten Hof eines Verwandten im westböhmischen Zürau zu bewirtschaften.

Ottla Kafka (1892 – 1943) mit ihrem Bruder Franz

In inniger lebenslanger Verbundenheit mit der Schwester Ottla

Die Krankheit, die zum Tode führt – Ausbruch der Lungen-tuberkulose

Währenddessen endet die zweite Verlobung Kafkas mit Felice noch im selben Jahr: Wenige Wochen danach erleidet er einen Blutsturz, ein Symptom der ausbrechenden Lungentuberkulose, an der er schließlich sterben wird. Die dunkle Ahnung, dass er nicht wieder ganz gesund werden wird, teilt er ihr mit und begründet damit ihre endgültige Trennung. Von seinen beruflichen Verpflichtungen für die nächsten acht Monate befreit, folgt er seiner Schwester Ottla nach Zürau. 1918 muss er seine Stelle in der Versicherungsanstalt wieder antreten und kehrt nach Prag zurück.

Obwohl ihn die gescheiterten Heiratsversuche mit Felice weiter quälen, verliebt er sich während einer Kur in Schelesen im Herbst 1918 in die 28-jährige Tochter eines Prager Schuhmachers und Gemeindedieners namens Julie Wohryzek. Trotz der offenen Missbilligung seines Vaters verlobt er sich im Folgejahr mit ihr, kommt dann jedoch ins Zweifeln und löst die Verlobung wieder. Die Zeit eines weiteren Kuraufenthalts nutzt er, um sich gedanklich mit der angespannten und ihn nicht loslassenden Beziehung zu seinem Vater auseinanderzusetzen. Es entsteht der „Brief an den Vater", in welchem er sich intensiv und anklagend mit den eigenen Kindheitserfahrungen und deren Folgen für sein Denken und Handeln auseinandersetzt. Da er ihn nicht abschickt, erreicht das Dokument seinen Adressaten jedoch niemals.

Weitere Frauen in seinem Leben: Julie Wohryzek, …

Bis zu seiner krankheitsbedingten Pensionierung 1922 arbeitet er weiterhin – unterbrochen durch zahlreiche Sanatoriumsaufenthalte – in der Arbeiter-Unfall-Versicherungsanstalt. Widrige äußere Umstände zwingen ihn, wieder bei seinen Eltern im Oppelthaus in Prag zu leben. Dort entstehen Teile des Romans „Das Schloss" und weitere Erzählungen.

… Milena Jesenská …

1920 intensiviert sich die Beziehung zu Milena Jesenská, die er im Oktober des Vorjahres flüchtig in einem Café in Prag kennengelernt hat. Diese will sich als Journalistin eine von ihrem Ehemann Oskar Pollak unabhängige Existenz aufbauen und bittet um die Erlaubnis, Kafkas Erzählungen ins Tschechische zu übersetzen. Ein intensiver Briefwechsel zwischen beiden beginnt. Seine Briefpartnerin teilt seine intellektuellen Interessen, sodass beide die geistige Tätigkeit des anderen gespannt verfolgen. In einer nie zuvor gekannten Offenheit äußert er sich ihr gegenüber zudem zu seiner tiefen Angst vor dem Leben. Trotz des gegenseitigen Vertrauens schreckt Kafka vor einem dauerhaften Zusammensein mit ihr zurück, vertraut ihr jedoch einige seiner Werke und sogar seine Tagebücher an. Den letzten heute noch erhaltenen Brief an sie schreibt er im Jahr 1923.

Die letzte Frau in seinem Leben, eine knapp 20 Jahre alte Ostjüdin namens Dora Diamant, lernt er in den Ferien in Müritz an der Ostsee kennen, die er mit seiner Schwester Ottla und deren Kindern verbringt. Aus Polen geflüchtet, arbeitet Dora dort als Helferin in der Kinderkolonie des Berliner Jüdischen Volksheims. Nach der beginnenden Freundschaft folgt der Entschluss, gemeinsam eine Wohnung in Berlin zu beziehen, wo Kafka ab September 1923 – mittlerweile schwer krank – weiter als freier Schriftsteller arbeitet. Einer Heirat mit ihr steht das „Nein" ihres Vaters entgegen, das sie akzeptieren. *... und Dora Diamant*

Kafkas sich weiter verschlechternde Gesundheit beeinträchtigt das dennoch weiterhin glückliche Zusammenleben und zwingt ihn, im Jahr 1924 nach Prag zurückzukehren, um von dort aus in das Sanatorium Wiener Wald in Niederösterreich zu gehen. Da die Untersuchung eine Ausweitung der Tuberkulose auf den Kehlkopf zeigt, bringt Dora Diamant den Kranken nach Kierling bei Klosterneuburg in eine ländliche Umgebung und kümmert sich gemeinsam mit Kafkas ärztlichem Berater und Freund Robert Klopstock um ihn. Am 3. Juni 1924, einen Monat vor seinem 41. Geburtstag, stirbt Franz Kafka. *Kurzes Glück in Berlin und krankheitsbedingte Rückkehr nach Prag*

Posthume
Veröffentlichung
eines Großteils
seiner Werke
durch Max Brod

Seine Werke werden posthum von seinem Freund Max Brod veröffentlicht. Dieser macht sich die Mühe, unzählige Manuskriptseiten und Hefte zu sortieren, zusammenzufügen und zum Teil auch geringfügig zu ergänzen. Damit widersetzt er sich dem ausdrücklichen Wunsch seines Freundes, seine Werke bis auf wenige Ausnahmen zu vernichten.

Kafkas Themen

Gib's auf

Es war sehr früh am Morgen, die Straßen rein und leer, ich ging zum Bahnhof. Als ich eine Turmuhr mit meiner Uhr verglich, sah ich, dass es schon viel später war, als ich geglaubt hatte, ich musste mich sehr beeilen, der Schrecken über diese Entdeckung ließ mich im Weg unsicher werden, ich kannte mich in dieser Stadt noch nicht sehr gut aus, glücklicherweise war ein Schutzmann in der Nähe, ich lief zu ihm und fragte ihn atemlos nach dem Weg. Er lächelte und sagte: „Von mir willst du den Weg erfahren?" „Ja", sagte ich, „da ich ihn selbst nicht finden kann." „Gib's auf, gib's auf", sagte er und wandte sich mit einem großen Schwung ab, so wie Leute, die mit ihrem Lachen allein sein wollen.[1]

Die Einsamkeit
als Grundbefind-
lichkeit auf dem
Lebensweg des
Menschen

Die 1922 entstandene und 1936 erstmals erschienene Parabel Franz Kafkas beinhaltet in verdichteter Form viele der Themen, mit welchen sich der Autor auseinandersetzte. Ein Mensch befindet sich auf dem Weg zum Bahnhof. Sein morgendlicher Aufbruch verweist auf die Grundbefindlichkeit des Menschen, der auf der Suche nach dem Sinn und

---

[1] Franz Kafka: Sämtliche Erzählungen. Hg. v. Paul Raabe. Fischer Taschenbuchverlag. Frankfurt a. M. 1996

Ziel seines Lebens ist. Auffällig an seiner Situation ist die
Einsamkeit, die ihn umgibt.

Da es jedoch noch „sehr früh" (Z. 1) ist, macht sich der
Protagonist der Parabel zunächst keine Sorgen. Diese setzen erst ein, nachdem ihm auffällt, dass die Uhrzeit, die
ihm seine Armbanduhr zeigt, nicht mit jener überein-
stimmt, welche er von einer Turmuhr abliest. Sogleich ist er
überzeugt davon, dass die Turmuhr die „richtige" Zeit an-
zeigt und seine eigene Uhr falsch geht. Die in dem
Dingsymbol der Turmuhr verdichteten von außen kommenden Normen, Regeln und Gesetzmäßigkeiten stimmen nicht mit seinen inneren überein. Zudem befürchtet
er, ihm renne die Zeit ungenutzt davon. Er gerät in Hektik,
die sich sprachlich durch eine hypotaktische Satzkonstruk-
tion ausdrückt. Sein Gefühl für Zeit und Raum geht ihm
verloren, sodass er sich völlig orientierungslos in einer
fremden Umgebung wiederfindet. Hinzu kommt ein nachhaltig erschüttertes Selbstvertrauen. Dem Schrecken und
der Unsicherheit (vgl. Z. 5 f.), die ihn überkommen, hat er
keine eigenen, identitätsstiftenden Gewissheiten entgegenzusetzen.

Orientierungslo-
sigkeit aufgrund
einer Inkon-
gruenz zwischen
äußerer und
innerer Existenz

Neue Hoffnung auf Hilfe schöpft er, als er einem „Schutzmann" (Z. 7 f.) begegnet, welcher schon aufgrund seiner
Funktion vertrauenerweckend wirkt. Als Hüter sozialer Ordnung und Repräsentant gesellschaftlicher Institutionen soll
er dem Orientierungslosen die Richtung weisen. Abermals
wird er enttäuscht: Statt Verständnis und klarer Hinweise
erntet er lediglich eine ungläubige Rückfrage und ein wie-
derholtes „Gib's auf" (Z. 11). Die Gestik des Mannes lässt
zudem Herablassung oder gar Spott erkennen, so, als ob
seine Frage nach dem Weg völlig unangemessen und eine
Antwort darauf unmöglich sei. Verlassen von dem ver-
meintlichen Garanten für Schutz, Sicherheit und Ordnung
findet er sich schließlich allein und orientierungslos in der
Fremde wieder. Der Versuch, sich in der Gesellschaft zu-

Enttäuschtes
Vertrauen in
scheinbare
Garanten für
gesellschaftliche
Ordnung

rechtzufinden, scheitert an ihren lebensfeindlichen Strukturen. Es wird deutlich, dass der Mensch nicht mit der Hilfe von außen rechnen kann.

Das Menschenbild Kafkas –
Unsicherheit
und Fremdheit
in der Welt
Seine Lage teilt er mit vielen Hauptfiguren Kafkas: Sie sind allein und suchen den Weg durch ihr Leben, der für sie bestimmt ist und auf welchem sie glücklich werden könnten. Sie finden ihn jedoch nicht, weil sie unter Einsamkeit, unterlassener Hilfeleistung, Selbstentfremdung und einem zutiefst erschütterten Vertrauen in die Welt leiden. So wird beispielsweise in der Parabel „Vor dem Gesetz" von einem Mann vom Lande erzählt, welcher sein Leben lang Zutritt zu einem greifbar nahe vor ihm befindlichen Gesetz verlangt, daran jedoch von einem übermächtig scheinenden Türhüter gehindert wird. Bevor der Mann stirbt, wird ihm gesagt, dass der vor ihm befindliche Eingang nur für ihn bestimmt gewesen sei und nun geschlossen werde. Von der Verfehlung des Lebens handelt auch die Erzählung „Ein Hungerkünstler", deren gleichnamige Hauptfigur sich aus der Unfähigkeit heraus, eine ihm gemäße Speise zu finden, in einem Zirkus zu Tode hungert.

Grenzbereich
zwischen Traum
und Realität
Die eigentümliche Atmosphäre, die Bildhaftigkeit der Sprache, die Auffälligkeit vieler Figuren sowie die Rätselhaftigkeit der Aussage lassen viele Werke Kafkas in einem Grenzbereich zwischen Traum und Realität angesiedelt erscheinen. Schleichend oder unvermittelt tritt das Irreale in die scheinbar geregelte und „normale" Welt der Menschen ein und sorgt für Verwirrung.

Der Konflikt
zwischen Vätern
und Söhnen ...
Wenn Kafka die Welt des Individuums betrachtet und literarisiert, so steht in vielen früheren Werken die Darstellung der Familie im Vordergrund. Die Schilderungen der Beziehungen zwischen Eltern und Kindern erfolgen schonungslos und gestatten dem Leser tiefe Einblicke in die menschlichen Abgründe der Beteiligten. So geht es beispielsweise in der Parabel „Heimkehr" und in der Erzählung „Das Urteil" um das Gefühl der Entfremdung eines Sohnes von

seinen Angehörigen. Die Ursache dafür ist insbesondere der Konflikt mit seinem überlegenen Vater. Da er hierfür keine befriedigende Lösung findet, fühlt sich der Sohn nicht einmal von den Menschen angenommen, die ihm am nächsten stehen, und findet weder seinen Platz in der Familie noch in der Welt.

... und das daraus resultierende Gefühl der Heimatlosigkeit

In einigen späteren Schriften des Autors wird das Leben der Protagonisten in weit komplexeren Zusammenhängen literarisch entfaltet. Statt des Vaters sind es nun – beispielsweise in den beiden großen Romanfragmenten „Der Prozess" und „Das Schloss" – oftmals ominöse bürokratische oder juristische Mächte, die von dem Einzelnen Besitz ergreifen und beginnen, seine Existenz fortan zu bestimmen. Als Chiffre für Machtkonstellationen moderner Gesellschaften zeigen sie auf, wie sich der Mensch schlimmstenfalls unter gesellschaftlichen und familiären Zwängen und einem umfassenden Leistungs- und Zeitdruck verändert. Die Welt, in der er lebt, erscheint ihm unter ihrem Einfluss wie ein Labyrinth undurchsichtiger räumlicher und zeitlicher Verhältnisse. Er findet keinen Halt und ist seinen Ängsten hilf- und schutzlos ausgeliefert. Diese hindern ihn mindestens ebenso sehr am Leben wie die von außen kommenden Zwänge. Seine Bindungsangst sowie die Angst, das Leben zu verpassen, machen ihn letztlich zu einem Scheiternden.

Der Einbruch unheimlicher Mächte als Chiffre für Machtkonstellationen moderner Gesellschaften

Die Charaktere in Kafkas Werk – unter ihnen neben den menschlichen auch viele tierische Figuren – und ihre Schicksale lösen auch deshalb oftmals beim Lesen Erschrecken aus, weil sie die Abgründe menschlicher Existenz in der modernen Welt einleuchtend verdichten. Da berufliche, familiäre und soziale Strukturen zunehmend komplexer und unübersichtlicher werden, erscheint dem Einzelnen sein Leben übermächtig und kaum zu bewältigen. Die Hoffnung darauf, seine Welt zusammenhängend zu begreifen, muss der Mensch angesichts seiner Erfahrungen der Fremdheit und der Paradoxie aufgeben. Das Gefühl für

Spiegelung des Lebensgefühls der Moderne

die eigene Lebensuntüchtigkeit löst zudem tief verankerte Schuld- und Schamgefühle aus, die auch die innere Welt ins Wanken bringen.

Die Orientierungskrise des Menschen als zeittypisches und persönliches Thema

Obgleich verschlüsselt, lassen die Werke Kafkas Spuren jener epochalen Katastrophen erkennen, deren Zeuge der Autor wurde. Der Erste Weltkrieg, die schleichende Auflösung der Gesellschaft und deren Werte sowie der Untergang des eigenen Staates mögen dazu beigetragen haben, die Welt als unsicheren Ort wahrzunehmen und literarisch auch so auszumalen. Die Vorstellung vom Menschen als einem Fremden, Ausgeschlossenen hängt zudem mit seiner Lebenserfahrung zusammen, die er als Jude und später als an Tuberkulose Erkrankter sammeln musste.

Das Ungeziefermotiv

Das Bild des Ungeziefers als Schlüssel zum Verständnis der Erzählung

Der Schlüssel zu verschiedenen Interpretationsmöglichkeiten der Erzählung „Die Verwandlung" hängt wesentlich mit dem Verständnis des Ungeziefermotivs zusammen. Warum verwandelt Gregor Samsa sich in ein Ungeziefer? Wie kann man seine neue Körpergestalt verstehen? Bei Nachforschungen ergibt sich, dass das Bild des Ungeziefers außerordentlich viele Aussagemöglichkeiten enthält. Keine davon jedoch kann es erschöpfend erschließen. Diese Rätselhaftigkeit ist vielleicht der Grund für den ausgesprochenen Reiz, aber auch die Frustration, die die Erzählung bei vielen Lesern auslöst.

Die fortgeführte bzw. wörtlich genommene Metapher

Gesichert lässt sich aus der Erzählung einzig ableiten, dass es sich nicht um die Darstellung eines Menschen handelt, der sich „wie" Ungeziefer verhält und mit diesem verglichen werden soll. Gregor Samsa *ist* ein Ungeziefer, das geht aus der Lektüre unmissverständlich hervor. Ein ursprünglich metaphorischer Ausdruck wird damit wörtlich genommen. Die Verwandlung ist eine Tatsache, die von dem Protagonisten der Erzählung leibhaftig erfahren und erlitten wird. Insofern sind alle Interpretationsansätze, die dieses Faktum als Ausdruck von psychischen, sozialen oder gesellschaftlichen Prozessen erklären wollen, hilfreich, wenngleich sie die Unerklärlichkeit eines solchen Vorganges nicht vollständig und eindeutig auflösen können.

Dass eine eindeutige „Lösung" des Geheimnisses um das Ungeziefer nicht vorgesehen ist, lässt eine Äußerung des Autors vermuten, die sich auf die Gestaltung des Titelblattes bezieht. Als Kafkas Geschichte in Druck gehen soll und dafür der Illustrator Ottomar Starke beauftragt wird, schreibt er einen Brief mit äußerst besorgtem Unterton an seinen Verleger Kurt Wolff, in dem es heißt: „Es ist mir nämlich, da Starke doch tatsächlich illustriert, eingefallen, er könnte etwa das Insekt selbst zeichnen wollen. Das nicht, bitte das nicht! Ich will seinen Machtkreis nicht einschränken, sondern nur aus meiner natürlicherweise besseren Kenntnis der Geschichte heraus bitten. Das Insekt selbst kann nicht gezeichnet werden. [...] Wenn ich für eine Illustration selbst Vorschläge machen dürfte, würde ich Szenen wählen wie: die Eltern und der Prokurist vor der geschlossenen Tür oder noch besser die Eltern und die Schwester im beleuchteten Zimmer, wäh-

Titelblatt der Erstausgabe

Kafkas Intervention gegen die Darstellung des Insekts

rend die Tür zum ganz finstern Nebenzimmer offen steht."[1]
Eine Festlegung bezüglich der konkreten Gestalt würde zugleich eine Bedeutungsfestlegung beinhalten, die der Autor offensichtlich vermeiden wollte. Tatsächlich hat der Illustrator Kafkas Einwand beherzigt und für die Umschlaggestaltung ein Bild gewählt, welches eine entsetzte Person vor einer in die Dunkelheit führenden offenen Tür zeigt.

Auch in der Verfilmung der Erzählung des Regisseurs Jan Nemec wird auf die Darstellung des Insekts verzichtet und das Geschehen – der Erzählperspektive entsprechend – auf die Sicht des Verwandelten beschränkt. Solche Darstellungen sind eng an der Textvorlage orientiert und lassen eine produktive Leerstelle offen. Der Rezipient[2] wird dadurch zu einer eigenen Interpretation herausgefordert.

Versuche, den Prozess der Verwandlung oder den Verwandelten selbst darzustellen

Andere Künstler haben sich nicht so eng an die Vorlage gehalten, sondern versucht, den Prozess der Verwandlung oder die Gestalt des Ungeziefers ins Bild zu fassen. Die Darstellung des Insekts ist dabei zugleich schon eine Bedeutungsfestlegung, in der Antworten auf verschiedene Fragen gegeben werden: Wie tief greifend ist das „Anderssein" des Verwandelten? Welche Deutung der Geschichte Gregor Samsas wird damit nahegelegt? Ist der Vorgang eine physische oder psychische Realität? Welcher Eindruck wird bei dem Rezipienten ausgelöst: Soll er sich gruseln, sich ekeln, der Geschichte sachlich-nüchtern gegenüberstehen oder identifizierend mitfühlen? Die konkrete Gestaltung offenbart damit zugleich eine bestimmte Aussageabsicht, auf welche hin der Betrachter sie untersuchen kann.

---

[1] Kafka, Franz: Brief vom 25.10.1915 an den Verleger Kurt Wolff. In: Franz Kafka: Briefe 1902–1924. Hg. v. Max Brod. New York 1958, S. 135 f.
[2] Rezipient: Empfänger in einem medialen Kommunikationsprozess

Der Text „Die Verwandlung" und sein Autor Franz Kafka

Wie kommt ein Autor auf die Ideen für seine Werke? Welche Erfahrungen und Erkenntnisse seines Lebens verwandelt er in Literatur? Insbesondere bei diesem Autor sind diese Fragen gleichermaßen berechtigt wie ergiebig: Wie kaum ein anderer hat Kafka die Sprache zu einem Medium der Selbstentfaltung gemacht und dabei Lebensgeschichtliches literarisiert.[1]

Aktuelle, lebensgeschichtliche Fragestellungen des Autors als Schreibmotivation

Die Entstehungsgeschichte der Erzählung „Die Verwandlung" lässt sich besonders gut rekonstruieren, weil Kafka zu dieser Zeit ein intensives briefliches Korrespondenzverhältnis mit Felice Bauer führte. Am 17. November 1912 findet sich der erste Hinweis auf die Erzählidee zu „Die Verwandlung". Kafka äußerte, er wolle eine kleine Geschichte niederschreiben, die ihm am Morgen im Bett eingefallen sei. Ursprünglich hatte er demnach keine umfangreiche Erzählung im Blick – sie wuchs erst im Prozess des Schreibens auf ihren jetzigen Umfang an. Der länger andauernde Entstehungsprozess und das Abweichen vom ursprünglichen Schreibplan haben mit Ereignissen zu tun, die Kafkas Beziehung zu Felice und zu seiner Familie betreffen.

Eine spannungsreiche, vielfach hasserfüllte Beziehung zu seinem Vater ist durch verschiedene autobiografische Zeugnisse gut belegt. Bereits zuvor hatte Kafka seinen Vater und seine äußerst problematische Beziehung zu ihm verschiedentlich literarisiert. Die Übermacht, Tyrannei und Bedrohlichkeit des eigenen Vaters gewannen dabei Gestalt in entsprechenden Figuren, gegen welche eine Konkurrenz oder gar ein offener Kampf letztlich aussichtslos erscheint.

Kafkas Sonderstellung innerhalb seiner Familie …

---

[1] Vgl. Stach, Rainer: Kafka. Die Jahre der Entscheidungen. Frankfurt a. M. 2004, Klappentext

Aus der dauerhaft angespannten Beziehung zwischen Vater und Sohn erwuchs zunehmend ein Gefühl von gegenseitigem Unverständnis, das in der Ungleichheit ihrer Interessen und einer daraus resultierenden konträren Lebensweise seinen Ursprung hatte. Die Entscheidung des Sohnes für eine asketische Junggesellen- und Schriftstellerexistenz konnten Hermann Kafka, aber auch die übrigen Familienmitglieder wohl niemals gänzlich nachvollziehen. Die Folge war ein durchdringendes Gefühl des Ausgeschlossenseins von dem in der Familie üblichen Lebensstil. Wie sein Protagonist Gregor Samsa lebte Kafka nach eigenen Aussagen in seiner Familie wie ein Fremder.

... und die Spiegelung in Form der Insektenexistenz

Zu dem Dauerkonflikt mit dem Vater kam die Enttäuschung über seine Schwester Ottla. Sie schlug sich für ihn völlig unerwartet in dem Familienstreit um die Erhaltung der Fabrik auf die Seite der Eltern. Franz Kafka empfand ihre Meinung als Verrat und war so entsetzt und niedergeschlagen, dass er in der folgenden Nacht Selbstmord begehen wollte. An seinen Freund Max Brod schrieb er, Ottla habe ihn verlassen. Es lässt sich vermuten, dass die erst wenige Wochen zurückliegenden Familienstreitigkeiten besonders in die Darstellung der Schwester Grete und in die Beschreibung ihres Verhaltens in der Schlussszene Eingang gefunden haben.

Enttäuschung über die Haltung seiner Schwester Ottla im Familienstreit ...

... und die Spiegelung in der Gestalt der Grete Samsa

Zu einer weiteren Erschütterung von Kafkas Vertrauen in seine unmittelbare Umgebung kam es, als seine Mutter begann, sich in sein Privatleben einzumischen. Als Julie Kafka von Franz' Briefkontakt zu Felice Bauer erfuhr, reagierte sie erfreut und hegte insgeheim die Hoffnung, dass er sich durch ihren Einfluss zu einem lebenstüchtigen Menschen entwickeln könne. In ihrer Neugier ging sie sogar so weit, einen Brief von ihr zu öffnen, diesen zu lesen und ihr heimlich zu schreiben. Davon erhoffte sie sich einen besseren Einblick in die konkreten Lebensgewohnheiten des verschlossenen Sohnes.

Felice reagierte zustimmend und schnitt in einem der nächsten Briefe die gewünschten Themen an. Kafka erfuhr davon durch einen vorsichtigen Hinweis seines Freundes Max Brod und war tief betroffen. Die Abhängigkeit von seinen Eltern sowie das Gefühl, von Felice trotz ihrer gegenseitigen Briefflut unverstanden und ihr dadurch fern zu sein, mussten ihm angesichts dieser Episode deutlich vor Augen gestanden haben. Hinzu kam, dass Felices Briefe eine Zeit lang gänzlich ausblieben. Schon fürchtete Kafka, von ihr verlassen worden zu sein, was ihn verstärkt an sich selbst zweifeln ließ.

Das Erlebnis von Vertrauensbrüchen und Enttäuschungen durch geliebte Menschen …

Die Atmosphäre im Elternhaus war nach seinem Empfinden geprägt von dem Gefühl, durch das tyrannische Wesen und die übermächtige Gestalt des Vaters „niedergedrückt"[1] zu sein. In Bezug auf die Verwandlung lässt sich mutmaßen, dass das Insekt ein metaphorischer Ausdruck für das daraus resultierende Minderwertigkeitsgefühl ist. Bedingt durch seine abstoßende Körperlichkeit und seine Wirkung auf den Menschen muss es immerfort fürchten, als unwillkommener Parasit zerquetscht zu werden.

… und die Spiegelung daraus resultierender Minderwertigkeits- und Ohnmachtsgefühle in Gestalt des ekelhaften Insektenkörpers

Wer immer wieder nach der Berechtigung für seine eigene Existenz sucht und diese immer nur in Ansätzen und nicht dauerhaft findet, für den ist unbeschwerter Lebensgenuss kaum denkbar. Ein Gefühl von Nutz- und Wertlosigkeit sowie der Abgeschnittenheit von denjenigen, denen dieser scheinbar mühelos gelingt, ist die Folge.

Die verzweifelte Suche nach einer Existenzberechtigung …

Der selbstauferlegte Zwang, sich immer wieder bewähren zu müssen, reicht so tief, dass auch das Schreiben für Franz Kafka mit ambivalenten Gefühlen zwischen tiefer Befriedigung und Selbstverurteilung verbunden war: „Mein Leben besteht und bestand im Grunde von jeher aus Versuchen zu schreiben und meist aus misslungenen. Schrieb ich aber nicht, dann lag ich auch schon auf dem Boden, wert hin-

… und die Spiegelung eines Gefühls der Wertlosigkeit durch die entwürdigende Beseitigung von Gregors Leichnam

---

[1] Franz Kafka: Brief an den Vater, Textausgabe, S. 67, Z. 2

nausgekehrt zu werden."[1] Sehr stark erinnert gerade diese Formulierung an die Art und Weise, wie Gregor Samsas Leichnam schließlich – bar jeden Respekts – regelrecht „entsorgt" wird.

Der herablassende Sprachgebrauch des Vaters …

Sucht man weiter nach biografischen Parallelen, so lassen sich diese bis in kleinste Motive hinein nachweisen. Den Vergleich eines Menschen mit einem Ungeziefer konnte Kafka dem gängigen Sprachgebrauch seines Vaters entnehmen. Hermann Kafka verhielt sich nach Aussagen seines Sohnes auffällig abwertend gegenüber seinen engen Freunden wie z. B. dem jiddischen Schauspieler Jizchak Löwy, indem er sie „in einer schrecklichen Weise [...] mit Ungeziefer"[2] verglich, ohne sie recht zu kennen.

… und die Geburt einer Erzählidee

Für den Sohn, der sich nach eigenen Aussagen seinem Vater beständig derart unterlegen fühlte, dass er glaubte, entweder durch Heirat und Gründung einer Familie mit diesem konkurrieren zu müssen oder aber sich eine Welt fernab des väterlichen Dunstkreises erschließen zu müssen, um leben zu können, liegt es nahe, die Entwertung des Freundes auf sich selbst zu beziehen: Das Ungeziefer lebt unerwünscht und isoliert inmitten der Familie, zu der sich eine besonders warmherzige Beziehung nicht einstellen will.

Dass es bedeutende Parallelen zwischen Gregor Samsa und seinem Schöpfer gibt, hat dieser schließlich auch selbst angedeutet. So handelt es sich schon bei der Namensgebung „Samsa" um ein Spiel mit dem eigenen Nachnamen „Kafka", da die Vokale an der gleichen Stelle stehen. Gregor sei, so soll es Kafka im Gespräch mit Gustav Janouch erwähnt haben, nicht restlos Kafka, obwohl er „in gewissem Sinne eine Indiskretion"[3] darstelle.

---

[1] Franz Kafka: Briefe an Felice und andere Korrespondenz aus der Verlobungszeit. Hg. v. Erich Heller und Jürgen Born. Frankfurt 1976, S. 65
[2] Franz Kafka: Brief an den Vater, Textausgabe, S. 69, Z. 14 f.
[3] Janouch, Gustav: Gespräche mit Kafka. Aufzeichnungen und Erinnerungen. Frankfurt a. M. 1961, S. 29

„Die Verwandlung" und die Kritik an der Gesellschaft

Die Darstellung des Traumhaft-Ungewöhnlichen, die für Kafkas Schreiben so charakteristisch ist, hat dessen Leser lange übersehen lassen, dass sich dahinter auch sehr konkrete Beobachtungen und Reflexionen der von ihm erfahrbaren Realität verbergen. Franz Kafka war nicht nur der einsame Schriftsteller, der des Nachts vor seinen Manuskripten saß, sondern er hatte in seiner beruflichen Funktion als Beamter der Arbeiter- und Unfallversicherung auch einen ganz nüchternen Einblick in die Lebensumstände vieler Zeitgenossen. Dies betrifft insbesondere diejenigen der Arbeiter und Angestellten, welche bei seiner Versicherungsanstalt versichert waren. Es lässt sich begründet vermuten, dass er unter anderem auch ihre Lebenswelt vor Augen hatte, als er die berufliche Situation seiner Hauptfigur konstruierte.

Franz Kafkas Einblick in die Lebenssituation der Arbeiter und Angestellten

Gregor Samsa arbeitet als Handlungsreisender in einer vergleichsweise niedrigen Position eines strengen hierarchischen Systems. Der Chef hat die sonderbare Angewohnheit, auf seinem Schreibtisch statt hinter diesem zu sitzen, und spricht zu seinen Angestellten damit von oben herab (vgl. S. 7, Z. 1 ff.). Zudem ist Gregor einer ständigen Kontrolle durch seine Vorgesetzten ausgesetzt. Jede Krankmeldung löst unter solchen Arbeitsbedingungen ein schlechtes Gewissen aus, zumal er befürchten muss, dass ihm bis in seine Privatsphäre hinein nachspioniert wird. Auffällig ist zudem die Abhängigkeit von der Uhr: Damit er jederzeit pünktlich seine Züge erreicht, studiert er sogar in seiner Freizeit die Fahrpläne (vgl. S. 12, Z. 34 f.).

Gregors niedrige Position in der beruflichen Hierarchie

Der Rückzug bzw. ein Abschalten ist für ihn somit räumlich und psychisch nur schwer möglich. Gregor wird von den Gedanken an seinen ungeliebten Beruf schon sofort nach dem Aufwachen beherrscht. Die zwischenmenschlichen

Die Allgegenwart des Berufs im Bewusstsein des Angestellten

Umgangsformen zwischen dem Chef, dem Prokuristen und Gregor sind zudem von einem nervenaufreibenden grundsätzlichen Misstrauen geprägt. Wenn Drohungen und Unterstellungen an der Tagesordnung sind, verwundert es nicht, dass jeder Angestellte fürchten muss, „ein Opfer von Klatschereien, Zufälligkeiten und grundlosen Beschwerden" (S. 19, Z. 17f.) zu werden.

Ein gespaltenes Bewusstsein als Folge beruflichen Drucks

Die Folgen für die Opfer sind aufgestaute Aggressionen, die jedoch aufgrund der eigenen Abhängigkeit nicht offen ausgetragen oder verhandelt werden können. Dass der Widerspruch zwischen Denken und pflichtbewusstem Handeln dem Betroffenen eine enorme psychische Leistung abverlangt, kann nicht ohne Folgen für die Persönlichkeit desjenigen bleiben. Wer sich einen offenen Gefühlsausdruck permanent selbst verbieten muss, von seiner Arbeit bis ins Private hinein verfolgt wird, weil deren Ansprüche verinnerlicht werden und damit Eingang in den eigenen Charakter gefunden haben, läuft Gefahr, sich selbst zu verlieren.

Identitätsverlust durch dauerhafte Fremdbestimmung

Obwohl Gregor Samsa die Kontroll- und Zwangsmechanismen durchschaut und dabei auch eine realistische Beobachtungsgabe beweist, kann er sich letztlich nicht befreien. Seine unterwürfige Haltung, mit der er zum Schluss dem Prokuristen nachläuft, um ihn für sich zu gewinnen und Unheil von seiner Familie abzuwenden, zeigt auf, dass er außerstande ist, notwendige Konsequenzen zu ziehen. Hierin zeigt sich, dass auch Gregor eine „Kreatur des Chefs [ist], ohne Rückgrat und Verstand" (S. 7, Z. 25).

Doppelte Ausbeutung Gregors im Beruf und in der Familie

Erschwerend kommt hinzu, dass auch seine Familie in die berufliche Unterdrückung involviert ist. Die berufliche Situation ist durch die Schuld der Eltern zustande gekommen, welche nun zusammen mit der Tochter auf Gregors Kosten leben, ohne ihn aber als Familienoberhaupt zu akzeptieren oder ihn über die wahre finanzielle Lage ins Bild zu setzen. Beruflich wie privat ist Gregor ein Ausgebeuteter.

Verallgemeinert man die Geschichte Gregors als das Schicksal vieler Angestellter, so wird an ihr deutlich, welche Folgen aus einer inhumanen Arbeitswelt resultieren: Es entsteht die Haltung eines Untertanen, dem das selbstständige Denken und Handeln fremd ist und welcher dadurch seiner Menschlichkeit beraubt wird. Ein solch verunsicherter Mensch wird sich schnell darauf reduzieren lassen, als Rädchen in einem undurchschaubaren, übergeordneten Getriebe möglichst reibungslos zu funktionieren, und die offene Rebellion vermeiden.

Gregors Schicksal als Spiegel der Untertanenmentalität

Dabei hat das Ungeziefer in diesem Kontext eine doppelte Funktion. Einerseits steht es für den Zustand des Angestellten: In eine untergeordnete Position gezwungen bewegt es sich vor den in der Hierarchie Höhergestellten in einer devot-kriecherischen Haltung und schwebt in der ständigen Gefahr, die eigene (finanzielle) Existenz verlieren zu können.

Die Insekten-Metapher: einerseits Zustandsbeschreibung, ...

Andererseits verweist das Insekt auf einen denkbaren Ausstieg aus dem System: Der verwandelte Gregor kann weder arbeiten noch seiner Familie in der gewohnten Weise dienlich sein. Stattdessen muss er wie ein Kleinkind versorgt werden, um überleben zu können, sodass sich der durch die Notwendigkeit zur Sicherung der Existenzgrundlage entstehende Druck nunmehr auf seine unmittelbare Umgebung verschiebt. Die mit der Verwandlung einhergehende zunehmende Hilflosigkeit wäre somit die getarnte Form einer Revolte, die die Umkehrung der vorherigen ausbeuterischen Struktur bewirkt. Liest man aber die Erzählung als eine Ausstiegsfantasie im Sinne einer „inneren Emigration", so darf das tragische Ende nicht übersehen werden.

... andererseits Ausstiegsfantasie

Der Ausstieg aus der Gesellschaft und dem von ihr ausgehenden Zwang zur Nützlichkeit ist gleichbedeutend mit Selbstvernichtung, da eine selbst gewählte parasitäre Lebensform von niemandem geduldet wird. Zudem führt die

Die Vernichtung als Konsequenz des Ausstiegs aus dem gesellschaftlichen System

Verinnerlichung des von außen herangetragenen Schuld-
spruchs der Wertlosigkeit zu einer entsprechenden Selbstverurteilung und damit zur psychischen Vernichtung.

Kafkas Werk bietet damit auch einen Einblick in die gesellschaftliche und geistige Entwicklung einer Zeit, die dem
bürokratisch organisierten Vernichtungssystem des Dritten
Reiches vorausging. Mit der Figur Gregor Samsa, dessen
körperlicher und psychischer Verelendungsprozess auch
gesellschaftliche Ursachen hat, wirft er ein Licht auf patho-
logische Lebensbedingungen und Persönlichkeitszüge, die
durch äußere Strukturen verursacht werden. Insofern diese
nicht nur den einzelnen Angestellten, sondern ein Kollektiv
betreffen, erlangt Gregors Schicksal überindividuelle Bedeutung und verweist auf die Prägung der gegenwärtigen
und zukünftigen Gesellschaft.

„Die Verwandlung" und die Psychoanalyse

Franz Kafka kannte die zu seiner Zeit populäre Psychoanalyse Sigmund Freuds und hatte zu ihr ein aufgeklärt-kri-
tisches Verhältnis. In seinen Tagebüchern notiert er am
23.09.1912 in Bezug auf die Abfassung seiner Erzählung
„Das Urteil": „Gedanken an Freud natürlich"[1]. Ein gewisser
Einfluss der Theorien Freuds auf die Ausgestaltung der
Werke Kafkas liegt aus verschiedenen Gründen nahe.

Die Identität des
Menschen nach
dem Drei-
Instanzen-Modell
Sigmund Freuds

Der aus Wien stammende Arzt Sigmund Freud entwarf die
Theorie, nach der die psychische Identität des Menschen
aus drei Instanzen bestehe: Aus Trieben und unbewussten
Wunschvorstellungen (dem „Es"), einer verinnerlichten Instanz der Moral und des Wertebewusstseins (dem „Über-

---

[1] Franz Kafka: Tagebücher 1909–1923. Fassung der Handschrift. Hg. v.
Hans-Gerd Koch, Frankfurt a. M. 1990, S. 355

Ich") sowie der in der Realität zwischen diesen zum Teil einander widersprechenden Impulsen vermittelnden und handelnden Instanz (dem „Ich"). Die für die Ausbildung des Über-Ichs relevanten moralischen Normen werden zunächst von Autoritäten durch Ge- und Verbote an das Kind herangetragen und erst im Laufe der Zeit zu einem Teil seines eigenen Bewusstseins.

Das Unbewusste steuert jedoch das Denken und Handeln des Menschen mehr, als dieser ahnt: Spuren dieser Wesensseite findet er allenfalls in seinen Träumen, über die er keine kognitive Kontrolle hat. Um an diese verborgenen Triebe heranzukommen

Sigmund Freud (1856 – 1939), Begründer der Psychoanalyse

und sie – etwa im Zuge einer Therapie – mit dem Ziel der psychischen Genesung ins Bewusstsein zu heben, muss man demnach zunächst die Träume der Menschen analysieren.

Hierin besteht der Ansatzpunkt: Da Kafkas Werke traumhaft-verschlüsselt sind und sich das darin erzählte Geschehen jedem rationalen Erklärungsversuch widersetzt, stellt sich die Frage, inwiefern die Erkenntnisse und Begriffe aus der Psychoanalyse ein Schlüssel zum vertieften Verständnis dieser und anderer Erzählungen Kafkas sein könnten.

Traumdeutung als Ansatz für die Verbindung von Psychoanalyse und dem Verständnis von Literatur

Besonders das Verhältnis Gregor Samsas zum Vater lässt sich vor dem Hintergrund der psychoanalytischen Entwicklungstheorie vertieft deuten. Der Vater ist nach Freud für das Kind eine Autorität, die zur psychischen Reifung maßgeblich beiträgt. Andererseits aber befindet sich ein Junge in einem Konkurrenzverhältnis zu diesem, da beide insofern um die Gunst der Mutter kämpfen, als es in der

Der Konflikt zwischen Vater und Sohn sowie dessen lebensgeschichtliche Bedeutung

sogenannten „ödipalen Phase" der Entwicklung (vom zweiten bis zum dritten Lebensjahr) zu dem Wunsch kommt, das jeweils gegengeschlechtliche Elternteil sexuell zu besitzen. Ein Ausleben ödipaler Wünsche[1] wird durch die sogenannte Inzestschranke verhindert, durch die sexuelle Kräfte durch das sich ausbildende Über-Ich gebunden werden und eine gesunde psychische Reifung des Sohnes ermöglicht wird.

Der Ödipuskomplex als neurotische Persönlichkeitsstörung Das Verhalten des Vaters in dieser Phase prägt die psychische Entwicklung des Sohnes entscheidend: Begegnet er dem mit dem ödipalen Wunsch verbundenen kindlich-sexuellen Konkurrenzverhalten mit großer Härte, überlegenen Machtdemonstrationen oder zieht er dieses ins Lächerliche, so löst er ggf. dauerhafte – offene oder unterschwellige – Aggressionen aus. Eine andere Folge ist die Tendenz, sich als der ewig Unterlegene und vom Vater Niedergedrückte zu verstehen. Beides bewirkt, dass der Junge später keinen selbstbewussten Umgang mit der eigenen Sexualität finden kann, da sich Schuldgefühle und Angst zu einem „Komplex" (dem Ödipuskomplex) steigern und seelische Störungen bis ins Erwachsenenalter hinein hervorrufen.

Hinweise auf sexuell-ödipale Impulse Gregor Samsas lassen sich an der Schilderung des Versuchs der Mutter, ihren Mann an der Tötung seines Sohnes zu hindern, feststellen. Dass sie dabei „entkleidet" ist, auf den Vater zuläuft und „stolpernd über die Röcke auf den Vater eindrang" und ihn umarmt, „in gänzlicher Vereinigung mit ihm" (S. 42, Z. 13 f.), woraufhin dem Sohn die Sehkraft versagt, wird vielfach als Beleg für die Interpretationshypothese genutzt, dass die Verwandlung in ein Insekt einen Rückfall – eine sogenannte Regression – Gregors in die anale Phase dar-

---

[1] ödipale Wünsche: sexuelles Verlangen des Sohnes nach der Mutter und das daraus resultierende Konkurrenzverhältnis zum Vater

stellt. Erstmals lernt er seine Eltern hier als sexuelle Wesen kennen. Anstatt selbstständig zu werden, reagiert der Sohn mit dem Rückfall in ein schon überwunden geglaubtes Stadium seiner Entwicklung und erzwingt damit Aufmerksamkeit und Zuwendung.

Eine starke Konkurrenz zum Vater, bei welcher jeweils die Erstarkung des einen eine Schwächung des anderen bewirkt, lässt sich hier eindeutiger belegen. Aus der Vorgeschichte geht hervor, dass die geschäftliche Niederlage des Vaters den Sohn zunächst offenbar zu beruflichen Höchstleistungen motiviert hat. Hinter diesen Anstrengungen, die zum „Aufstieg" des Sohnes zum Familienernährer führen, wird der verzweifelte Wunsch erkennbar, auf diese Weise den Vater zu verdrängen und gleichzeitig alle Familienmitglieder an sich zu binden. Dies gelingt nur scheinbar: Obwohl die Familie auf seine Kosten lebt, bleibt die Kluft besonders zwischen seinen Eltern und ihm unüberbrückbar.

Gregors Wunsch nach Verdrängung des Vaters von dessen Position – ein Symptom des Ödipuskomplexes

Die Schwächung Gregors durch seine Ungeziefergestalt führt zum Aufstieg und zur Erstarkung des Vaters, die diesen dazu veranlasst, mit unbarmherziger Härte gegen Gregor vorzugehen. Dass Gregor dessen „größte Strenge" (S. 41, Z. 9) ihm gegenüber als ein hervorstechendes Merkmal ihrer Beziehung begreift, offenbart den Ursprung des vorliegenden Vater-Sohn-Konflikts, welcher weiter unbewältigt schwelt und einen gesunden Ablösungsprozess von den Eltern verhindert. Eine autonome Existenz, gar die Bindung an eine Frau und die Gründung einer eigenen Familie erscheinen unter der Bedingung einer verhinderten psychischen Reifung undenkbar, was sich letztlich für die gesamte Familie Samsa als großes Unglück herausstellt.

Das Scheitern und der Rückfall in ein kleinkindliches Entwicklungsstadium

Für einen Rückfall in ein infantiles Entwicklungsstadium, mit der ein Kind häufig – etwa als Reaktion auf die verstärkte Zuwendung der Eltern zu einem jüngeren Geschwisterkind – Aufmerksamkeit erreichen will, sprechen verschiedene auffällige Verhaltensweisen Gregors. So wünscht er

Kindlich-infantile Verhaltensweisen des Insekts

sich unmittelbar nach seiner Verwandlung, vom Vater und dem Dienstmädchen aus dem Bett gehoben zu werden (vgl. S. 11, Z. 1 ff.) und, als aufgrund der verriegelten Türen niemand zu ihm gelangen kann, dass alle Anwesenden seine Bemühungen, die Tür zu öffnen, mit aufmunternden Zurufen unterstützen (vgl. S. 17, Z. 9 ff.). Hier erinnert sein Gebaren an ein im Zimmer eingeschlossenes, hilfloses Kind. Das Herabfallen auf seine vielen Beinchen ermöglicht ihm zudem nur noch eine kriechende Fortbewegung, den Fortbewegungsbemühungen des Kleinkindes nicht unähnlich, und bewirkt außerdem eine Diskrepanz zwischen der Körpergröße der „Erwachsenen" und seiner eigenen. Daraus, dass man ihn nach eigenem Ermessen leicht in einer „Kiste mit ein paar Luftlöchern" (S. 44, Z. 37 – S. 45, Z. 1) transportieren könne, lässt sich auf seine geringe Größe schließen. Hierzu passend ist Gregors Wahrnehmung seines Vaters, die nur durch eine perspektivische Verzerrung erklärbar scheint. Hinter der Beschreibung der „Riesengröße seiner Stiefelsohlen" (S. 41, Z. 6 f.) steckt die tief sitzende und unbewältigte Angst des Kindes vor dem übermächtigen Vater.

Die Folge: Vereinsamung Weiterhin lässt sich die wachsende Unselbstständigkeit als Appell insbesondere an die Schwester verstehen, sich um die Erfüllung seiner Bedürfnisse zu kümmern. Da Gregor jedoch kein Kleinkind ist, zeugt eine derartig enge und dennoch angsterfüllte Familienbindung nicht von Nähe und Verantwortungsbewusstsein, sondern von einer psychischen Störung. Diese führt wiederum zu einer allseitigen Abneigung ihm gegenüber und zu seiner wachsenden Isolation.

Seine mangelnde Einfühlungsgabe sowie die innere Zerrissenheit erklären, warum auch seine außerfamiliären Beziehungen unbefriedigend und oberflächlich sind. Versuche, eine Partnerin kennenzulernen, scheitern an der Zaghaftigkeit seiner Bemühungen. Die Beziehungen zu seinen Kollegen sind von tiefem Misstrauen und Neidgefühlen geprägt. Gregor Samsa kennt weder sich selbst noch andere und bleibt demnach sowohl als Mensch wie auch als Insekt einsam und isoliert.

Psychoanalytisch gelesen erweist sich die Insektenexistenz als Sinnbild für eine neurotische Persönlichkeitsstörung, die zur Vereinsamung und zum seelischen Niedergang des Menschen führt.

Neurotische Charakterzüge Gregors

Das Insekt als Symbol für den seelischen Niedergang eines neurotisch gestörten Menschen

„Die Verwandlung" und das Judentum

In neuerer Zeit wird verstärkt der Einfluss untersucht, den Kafkas Identität als Jude auf sein Werk gehabt hat. Aus seiner Biografie wird deutlich, dass er sich lebenslang mit diesem Thema beschäftigt hat. Dabei hat er als Kind wenig Kontakt mit der jüdischen Geschichte, ihren Traditionen und Ritualen gehabt. Der Grund dafür lag in dem Streben seiner Eltern, sich möglichst der obersten Schicht der Prager Gesellschaft anzunähern, die vorwiegend aus Deutschen bestand. Um gesellschaftliche und soziale Anerkennung zu gewinnen, war es nötig, die als rückständig belächelte Lebensweise des Ostjudentums hinter sich zu lassen und sich westlichen Werten anzunähern. Den Kafkas gelang dieser Anpassungsprozess bald, nachdem sie in Prag angekommen waren. Für die Erziehung Franz Kafkas bedeutete dies, dass ihm lediglich seltene Besuche in der Synagoge oder verschiedene Feiertage bewusst machten, Jude zu sein.

Die Kafkas – assimilierte Westjuden

Sein Interesse am Judentum wurde durch den Kontakt mit einer ostjüdischen Jargontruppe (Theatergruppe) geweckt, die in dem heruntergekommenen „Café Savoy" in Prag gastierte und dabei einige traditionelle Stücke aufführte. Besonders die lebendige und ungekünstelte Ausdrucksweise des Schauspielers Jizchak Löwy faszinierte ihn, sodass zwischen beiden langsam eine Freundschaft wuchs. Kafkas

Auseinandersetzung mit der jüdischen Tradition

Vater war entsetzt: Ostjuden galten als Außenseiter der Gesellschaft, weil man ihnen vorwarf, ungebildet, schmutzig und rückständig zu sein.

Das jüdische Volk als ein Volk der Unberührbaren

Die Verachtung der Juden konnte allerdings auch diejenigen treffen, die sich anpassten. Da ihnen eine gelungene Integration in die Gesellschaft häufig verweigert wurde, blieb ihnen nur eine Existenzform außerhalb dieser übrig. Die eigentümliche Sonderrolle der Juden und ihre Auswirkungen zu beschreiben wurde zu einem Untersuchungsaspekt der Soziologie. Max Weber, der das religionsgeschichtlich-soziologische Problem des Judentums untersuchte, kennzeichnete es schließlich als Erster als *Pariavolk*. Der Begriff *Paria* stammt ursprünglich aus dem indischen Kastensystem und bezeichnet dort die Unberührbaren. Diese werden gesellschaftlich gemieden und als unrein betrachtet. Später griff die jüdische, deutsch-amerikanische Publizistin und Gelehrte Hannah Arendt seine These auf und führte sie weiter aus: „In ihrem gesellschaftlichen Pariadasein als Individuen außerhalb der Gesellschaft spiegelte sich das politische Dasein des Volkes als Ganzes wider. So konnten jüdische Dichter, Schriftsteller und Künstler die Figur des Paria konzipieren, die eine für die moderne Menschheit sehr bedeutsame neue Idee vom Menschen enthält."[1]

Ihr zufolge habe Kafka nicht nur das Leben eines Paria geführt, sondern es auch literarisiert. Durch seine ungewollte Distanz zur Gesellschaft habe er bessere Einblicke in diese erhalten und den Paria zum Gegenstand der Literatur machen können. In ihrer Weiterentwicklung des Begriffs fand Arendt eine paradoxe Steigerung für die Figur des Paria: Der am Rande Vegetierende solle zum Vorkämpfer einer neuen politischen Realität werden, die gegen die Groß-

---

[1] Arendt, Hannah: Die verborgene Tradition. Acht Essays. Frankfurt a. M. 1976, S. 47

raumpläne der nationalsozialistischen Regierung für Europa Widerstand leisten könne.

Die Ungeziefer-Metapher in der Erzählung „Die Verwandlung" enthält diese positive Konnotation (Nebenbedeutung) des Begriffs nicht, sie spiegelt jedoch die mit einer Pariaexistenz verbundene „Fremdheit, Nichtigkeit, [das] Ausgestoßensein und Stummsein"[1]. Dass diese Gefühle typisch für den modernen Juden sind, bestätigt Kafkas lebenslanger Freund, Rezensent und späterer Nachlassverwalter Max Brod. Insofern das Käfermotiv das „Alleinsein [und] außerhalb der Menschheit stehen"[2] verkörpere, sei es ein starkes Symbol für die Gefühle des modernen Juden. Das Schicksal, welches Gregor Samsa ereilt, verweist insofern visionär – wenn man es als Metapher für das Judentum versteht – nicht nur auf die Gegenwart, sondern auch auf eine mögliche Steigerung des Ausschlusses aus der Gemeinschaft in der Zukunft. Ist die Erzählung „Die Verwandlung" demnach mehr als nur ein Stück Literatur? „[…] gab es nicht auch andere, die eine Metapher beim Wort nahmen und Menschen nicht nur Ungeziefer nannten, sondern sie auch als Ungeziefer behandelten? Zuerst nahmen sie ihnen ihre bürgerlichen Rechte, dann sprachen sie ihnen das Menschsein ab, sie waren Ratten, Ungeziefer, das um der Gesundheit des Volkskörpers willen beiseitegeschafft werden musste. […] Aus den Menschen wurden Tiere, aus den Tieren Untiere, aus den Untieren Zeug, das nichts mehr wert war, das man also wegwerfen konnte und musste."[3] Die Deutungsoffenheit der fortgeführten Meta-

---

[1] Stach, Rainer: Kafka. Die Jahre der Entscheidungen. Frankfurt a. M. 2004, S. 214 f.

[2] Brod, Max: Unsere Literaten und die Gemeinschaft. In: Der Jude. Oktober 1916, zit. in: Franz Kafka. Die Verwandlung. Erläuterungen und Dokumente. Hg. v. Peter Beicken, Stuttgart 1983, S. 127

[3] Zimmermann, Dieter: Kafka für Fortgeschrittene. München 2004, S. 80

pher vom Ungeziefer legt eine solche Interpretation mindestens nahe, ohne sich in ihr gänzlich zu erschöpfen. Hierdurch erklärt sich die bedrängende und mahnende Wirkung, die von der Erzählung „Die Verwandlung" ausgeht
und den Leser nicht mehr loslässt.

Wirkung und Rezeption

Erscheinungsort
und -datum

Die Erzählung „Die Verwandlung" erschien zunächst im
Oktober 1915 in der von René Schickele herausgegebenen
expressionistischen Zeitschrift „Die weißen Blätter" und
schließlich, im November desselben Jahres, in Kurt Wolffs
Broschürenreihe „Der jüngste Tag". Zunächst einmal sah
es gar nicht danach aus, dass die Erzählung neben dem
Romanfragment „Der Prozess" heute für den literarischen
Rang des Autors weltweit verantwortlich sein würde: Nur
wenige Besprechungen und zeitgenössische Würdigungen
machten auf das Werk aufmerksam. Diese deuten bereits
verschiedene Deutungsmöglichkeiten an und kommen zu
sehr unterschiedlichen Urteilen bezüglich der literarischen
Qualität.

Erste Interpre-
tationsansätze,
Lob und Kritik
der ersten
Rezensenten ...

Einen Monat nach der Veröffentlichung äußerte sich der
expressionistische Erzähler und Kritiker Kasimir Edschmid
lobend zur Kunst des Autors, „das Wunder auf die Erde
herunter"[1] zu zwingen. Bemerkenswert seien besonders
die Sprache und Darstellungsweise. Ebenso wie Edschmid
stellte auch der Literaturhistoriker Oskar Walzel die Erzählung in den Zusammenhang mit der Literatur des Wunderbaren, die sich mit einer „genauen und scharfen Beobach-
tung des wirklichen Lebens" paare und insofern als Spiegel

---

[1] Edschmid, Kasimir: Deutsche Erzählungsliteratur. In: Frankfurter Zei-
tung, 19.12.1915, zit. in: Franz Kafka. Kritik und Rezeption zu seinen
Lebzeiten 1912–1924. Hg. v. Jürgen Born. Frankfurt a. M. 1979,
S. 62ff.

der Welt fungiere, deren „mitleidloses Antlitz"[1] Kafka besonders durch die Gestaltung des Erzählschlusses zeige.

In einer späteren Rezension deutete Eugen Loewenstein, der Kafka persönlich kannte, die Erzählung „Die Verwandlung" als Dokument über einen innerpsychischen Vorgang. Der Autor beschäftige sich „auf ebenso merkwürdige wie geniale Art mit einer [...] Realisierung zwangsmäßiger Vorstellungen", wobei er „das unsichtbare Reich des Wahnes" leugne und „die Schemen der Einbildung als Tatsache"[2] nehme.

Kafkas Freund Max Brod hingegen sah in der Erzählung „Die Verwandlung" eines „der jüdischsten Dokumente unserer Zeit", in dem der Autor „wunderbar starke Symbole des reuigen Ausgeschlossenheitsbewusstseins, das die Seele des modernen Juden durchtobt"[3], darstelle.

Negativ äußerte sich Robert Müller, der sich an der „Hypothese, die alle biomechanische Wahrscheinlichkeit aufhebt", rieb und zudem in dem neuesten Werk des Autors nicht dessen „sonst absichtslose Erzählkunst, die etwas Urdeutsches, rühmlich Artiges, im Erzählenden Meistersingerliches besitzt"[4], erkennen konnte. Im Gegenteil strapaziere die Geschichte den Geschmack insofern, als die Zumutung an die Lesenden zu groß sei.

Kafka, der die Kritik an seinen Werken aufmerksam verfolgte, sah bereits während des Schaffensprozesses die An-

... und Kafkas Reaktion

[1] Walzel, Oskar: Logik im Wunderbaren. In: Berliner Tageblatt, 06.07.1916, zit. in: Franz Kafka. Die Verwandlung. Erläuterungen und Dokumente. Hg. v. Peter Beicken, Stuttgart 1983, S. 125

[2] Loewenstein, Eugen: Die Verwandlung. Ein Buch von Franz Kafka. Kurt Wolff Verlag, Leipzig. In: Prager Tageblatt, 09.04.1916, zit. in: ebd., S. 65

[3] Brod, Max: Unsere Literaten und die Gemeinschaft. In: Der Jude. Oktober 1916, zit. in: Franz Kafka. Die Verwandlung. Erläuterungen und Dokumente. Hg. v. Peter Beicken, Stuttgart 1983, S. 127

[4] Müller, Robert: Fantasie. In: Die Neue Rundschau, Berlin, Oktober 1916, zit. in: ebd., S. 71 ff.

strengung voraus, die er seinen Lesern abverlangte. So schrieb er an Felice Bauer, es handele sich um „eine ausnehmend ekelhafte Geschichte"[1], die ihm „in dem Jammer im Bett eingefallen"[2] sei. Obgleich er sich entsprechend die Kritik zu Herzen nahm, machte er sich dennoch ironisch über den auffälligen Widerspruch zwischen dem Urteil Müllers und Brods als „urdeutsch" bzw. „jüdisch" lustig, indem er an Felice schrieb: „Willst du mir übrigens nicht auch sagen, was ich bin. [...] Ein schwerer Fall. Bin ich ein Zirkusreiter auf 2 Pferden? Ich bin kein Reiter, sondern liege am Boden."[3]

Wegweisende Stimmen zum Werk im Laufe der Rezeptionsgeschichte

Im Laufe der Rezeptionsgeschichte wurden einige der bereits vorhandenen Interpretationsansätze weiter ausgeführt, andere kamen hinzu. Mit dem psychoanalytischen Deutungsansatz ist besonders der Name Hellmuth Kaiser verbunden, der die Erzählung „Die Verwandlung" als ein Triebdokument des Dichters kennzeichnete, in welchem er einen ödipalen Konflikt literarisiere. Gegen diese – in seinen Augen verfehlte – Deutungsmöglichkeit näherte sich Walter Benjamin der Erzählung aus geschichtsphilosophischer Perspektive. Die Verwandlung ereigne sich demnach nicht zufällig in der heutigen Beamtenwelt, die auf die parasitäre Welt der Väter bezogen sei und in welcher der Mensch Gefahr laufe, seine Identität zu verfehlen und sogar seinem eigenen Körper fremd zu werden. Einen neuen Denkanstoß erfuhr die Bewertung des Werks durch den Philosophen Günther Anders, der auf das Prinzip der Verbildlichung bei Kafka hinweist, wenn er feststellt: „Er schöpft aus dem vorgefundenen Bestand, aus dem Bildcharakter der Sprache.

---

[1] Franz Kafka: Briefe an Felice und andere Korrespondenz aus der Verlobungszeit. Hg. v. Erich Heller und Jürgen Born. Frankfurt 1976, Brief vom 24.11.1912

[2] Ebd., Brief vom 17.12.1912

[3] Ebd., Brief vom 07.10.1916

Die metaphorischen Worte nimmt er beim Wort."[1] Weitere Analysen des Werks verfasste Walter H. Sokel, der das Ungeziefermotiv – zunächst einem psychoanalytischen Ansatz folgend – als Ausdruck des inneren Widerstreits Gregors deutete. Da dieser sich nicht offen mit seinem wahren Bedürfnis nach Befreiung von dem ungeliebten Beruf auseinandersetze und entsprechend handele, schütze ihn die Verwandlung geradezu vor dieser Selbsterkenntnis. Gefangen zwischen einem Auflehnungswunsch und dem Drang nach sofortiger Selbstbestrafung erzähle die Geschichte von einem durch Aggressionen und Schuld ausgelösten Verhängnis. Einige Jahre später, unter dem Einfluss der marxistischen Philosophie, gewann seine Deutung einen gesellschaftskritischen Akzent. Der Umstand der Verwandlung erfülle Samsas Wunsch nach der Befreiung von seiner Arbeit, allerdings um den furchtbaren Preis seines Menschseins. Dies könne sich nur in einer Umgebung ereignen, in der der Mensch primär als „Einkommensquelle" behandelt werde, in der er, wenn er „sich nicht in den Arbeitszwang einordnen" lasse, als „unmenschlicher Parasit"[2] erscheine.

Im weiteren Verlauf des 20. Jahrhunderts entfaltete die Erzählung ihre volle Wirkung und errang unter Künstlern größere Aufmerksamkeit als jeder andere Text Kafkas. Nicht nur Schriftsteller, sondern auch Regisseure und Zeichner ließen sich von ihr anregen, Verwandlungsphänomene darzustellen. Die Verfilmung der Erzählung durch Jan Nemec, die 1975 und 1983 im ZDF ausgestrahlt wurde, hält sich eng an die Textvorlage und zeigt das Geschehen ganz auf die Perspektive Gregors reduziert. Um einiges freier gehen

Der Einfluss der Erzählung auf Schriftsteller, Regisseure und Künstler

---

[1] Anders, Günther: Franz Kafka – Pro und Contra. In: Die Neue Rundschau 58 (1947), S. 121, zit. in: Franz Kafka. Die Verwandlung. Erläuterungen und Dokumente. Hg. v. Peter Beicken, Stuttgart 1983

[2] Sokel, Walter H.: Von Marx zum Mythos: Das Problem der Selbstentfremdung in Kafkas „Verwandlung". In: Monatshefte 73 (1981), S. 6–20, zit. in: ebd

einige Umsetzungen in Form von Theaterstücken mit der Vorlage um. So schrieb und inszenierte der ungarische Regisseur George Tabori 1991 sein Stück „Unruhige Träume", in dem in freier Form Motive aus der Erzählung „ Die Verwandlung" und weiteren Erzählungen Kafkas wie etwa dem „Urteil", „In der Strafkolonie" und „Ein Hungerkünstler" kombiniert werden. Die Vielzahl von Beispielen einer Dramatisierung des Textes, nicht zuletzt auch häufig durch Schülerinnen und Schüler, zeigt, wie sehr die Erzählung auch heute noch dazu inspiriert, sie sich auf diesem Wege zu eigen zu machen.

Anspielungen auf die Thematik der Erzählung „Die Verwandlung" finden sich in der Literatur weltweit zuhauf. Deshalb seien nur einige, für den deutschsprachigen Raum relevante Texte erwähnt. Gabriele Wohmann geht in ihrem Gedicht „Ich bin kein Insekt" von der Eingangsszene der Erzählung „Die Verwandlung" aus und deutet die von Kafka beschriebene Rückenlage Gregors als Symbol für die Hilflosigkeit, Unselbstständigkeit und Unterdrückung eines – interessanterweise weiblichen – lyrischen Ichs. Eher humorvoll verfremdet Reinhard Lettau in seinem satirischen Kurzgedicht „Die Verwandlung" die gleichnamige Erzählung, wobei er im Blick auf den damaligen amerikanischen Präsidenten den berühmten ersten Satz zugrunde legt:

„Als Richard Nixon
eines Morgens
aus heftigen Träumen erwachte
fand er sich
in einen
Menschen verwandelt."

In anderer Weise verfremdet finden sich dieser erste Satz und Anspielungen auf das Gesamtwerk auch bei Robert Walser in seinen Romanen „Halbzeit" und „Schwanenhaus" und bei Peter Handke in seinem Roman „Die Stunde der wahren Empfindung".

Betrachtet man zusammenfassend die Kritik und Rezeption, so fällt zunächst einmal die Variationsbreite sowohl in der Deutung, in der Beurteilung, aber auch in der kreativ-künstlerischen Aneignung auf. Es scheint, als verlocke gerade die Rätselhaftigkeit des Werks zu einer eigenen Auseinandersetzung. Und so darf man gespannt sein, welche Interpretationen, Adaptionen und Variationen das Werk in der Zukunft noch erfahren wird.

Die Erzählung „Die Verwandlung" in der Schule

Der Blick auf die Figuren: Die Personencharakterisierung

Eine literarische Figur charakterisieren – Tipps und Techniken

In einer literarischen Charakterisierung werden neben äußeren Merkmalen besonders die Wesenszüge einer literarischen Figur analysiert. Gegebenenfalls muss auch ihre Entwicklung im Werk erfasst werden. Dazu ist es wichtig, die im Text vermittelten Informationen zu sammeln, zu ordnen und zu werten. Bei einem Prosatext ist dabei zwischen der unmittelbaren *Darstellung durch den Erzähler*, der *Selbstdarstellung der Figur* und den *Aussagen anderer Figuren des Werks über die Figur* zu unterscheiden.

Auf diesem Wege gelangt man zu einer Gesamtinterpretation der Figur. Das Wesentliche soll nicht in beschreibender, sondern in argumentierender Form dargelegt werden. Alle Behauptungen, die man über eine Figur aufstellt, müssen begründet, d.h. in der Regel durch eine oder mehrere Textstellen belegt werden. Die Zeitstufe ist das Präsens.

Für die Erarbeitung einer literarischen Charakterisierung können unter anderem folgende Aspekte und Leitfragen von Bedeutung sein:

1. **Personalien, sozialer Status und äußeres Erscheinungsbild**
   - Was erfahren wir über Name, Geschlecht, Alter und Beruf der Figur?
   - Werden auffällige äußere Merkmale beschrieben?

- Wie werden die Lebensverhältnisse und das soziale Umfeld der Figur dargestellt?
- Gibt es Informationen zur Vorgeschichte der Figur?

2. Wesentliche Charaktereigenschaften und Verhaltensweisen

- Zeigt die Figur typische Verhaltenseigenschaften und Gewohnheiten?
- Was sind ihre hervorstechenden Wesensmerkmale und Charakterzüge?
- Welche Umstände prägen und bestimmen ihre Existenz?
- Welches Selbstbild hat die Figur?
- Welche inneren Einstellungen, welches Weltbild hat sie?
- Zeigt die Figur eine Veränderung in ihren äußeren Merkmalen oder eine innere Entwicklung?
- Wie wird sie von den anderen Figuren wahrgenommen?
- In welcher Beziehung steht sie zu den anderen Figuren?
- Wie kann der Sprachgebrauch der Figur allgemein beschrieben werden (Sprachebene, Sprachstil)?
- Welche Botschaften werden durch nonverbale Kommunikation übermittelt (Mimik, Gestik, Körperhaltung)?

3. Zusammenfassende Bewertung

- Wie lässt sich die Funktion der Figur für die Erzählung beschreiben?
- Handelt es sich um einen Charakter oder bloß um einen Typus?
- Inwieweit sind die charakterlichen Merkmale gesellschaftlich bedingt?
- Welche Gesamtdeutung der Figur ergibt sich aus den gewonnenen Erkenntnissen?

Die Hauptfiguren – die Familie Samsa

Gregor

1. Personalien, sozialer Status und äußeres Erscheinungsbild vor der Verwandlung

Nähere Informationen über Gregor Samsa können nur rekonstruierend aus seiner Vorgeschichte erschlossen werden, da die eigentliche Handlung kurz nach seiner Verwandlung zu einem Insekt einsetzt. An der Schilderung seiner Ausbildung und seines weiteren Werdegangs wird ersichtlich, dass er zum Zeitpunkt der Verwandlung etwa 25 Jahre alt ist. Von Beruf ist er Handlungsreisender (vgl. S. 5, Z. 14) und deshalb häufig von seiner Familie getrennt. Als Junggeselle lebt er mit seinen Eltern und seiner Schwester Grete zusammen in einer Wohnung, die er einst ausgesucht hat (vgl. S. 44, Z. 33 f.).

2. Wesentliche Charaktereigenschaften und Verhaltensweisen

Aus der Fremdeinschätzung seiner Mutter sowie aus der geschilderten Lebensweise ergibt sich weiterhin das Bild eines außerordentlich pflichtbewussten, aber auch sehr introvertierten Menschen (vgl. S. 12, Z. 31 ff.). Mit unermüdlichem Einsatz sorgt er nach dem Zusammenbruch des väterlichen Geschäfts allein für den Lebensunterhalt seiner Familienangehörigen. Sein akademischer Bildungsweg sowie der schnelle Aufstieg von einem „kleinen Kommis" (S. 29, Z. 14) zum Handlungsreisenden verweisen auf einen äußerlich bruch- und makellosen Werdegang. In der Familie und dem Beruf erfüllt er seine Pflichten weit über jedes geforderte Maß hinaus.

Gregors beruflicher Aufstieg

Das Verhältnis zum Beruf

Dass ihm diese Lebensweise zunehmend zu schaffen macht, liegt an dem Verhältnis zu seinem Beruf. Obwohl er das Leben als Handlungsreisender als anstrengend und unbefriedigend empfindet, kann er seinen Traum, zu kündigen, nicht realisieren (vgl. S. 6, Z. 28 – S. 7, Z. 7). Stattdessen lebt er seine Frustrationen lediglich in seiner Fantasie aus und zwingt sich, nach außen hin die Fassade eines braven Angestellten aufrechtzuerhalten.

Die Unzufriedenheit mit seiner Situation liegt nicht nur an den beruflichen Zwängen, sondern auch an den für ihn unbefriedigenden Beziehungen zu geliebten Menschen. Obwohl er das Geld für sie verdient und inmitten seiner Familie lebt, will sich zu dieser „eine besondere Wärme [...] nicht mehr ergeben" (S. 29, Z. 24 f.). Da er seinen Eltern dennoch blind vertraut, erfährt er nicht einmal genau, was mit dem von ihm verdienten Geld passiert und wie es finanziell um die Familie steht (vgl. S. 28, Z. 31 ff.). Besonders angespannt ist die Beziehung zu seinem Vater, der ihm bewusst verschweigt, dass er doch noch über ein kleines Vermögen verfügt. Nach seiner Verwandlung schlägt die heimliche Rivalität gar in offene Angriffe um, bei denen er seinen Sohn schwer verletzt (vgl. S. 22, Z. 30 – S. 23, Z. 2; S. 41, Z. 30 – S. 42, Z. 15). Emotional isoliert verbringt Gregor die meiste Zeit allein in seinem Zimmer, beschäftigt mit „Laubsägearbeiten" (S. 12, Z. 36), einem für sein Alter unangemessen kindlich erscheinenden Hobby. Einzig in der Schwester Grete sieht er eine Vertraute, die er an sich binden möchte, indem er ihre kostspielige musikalische Ausbildung an einem Musikkonservatorium finanzieren will (vgl. S. 29, Z. 25 ff.).

Gregors isolierte Stellung in seiner Familie

Eine Beziehung zu einer Frau gibt es in seinem Leben nicht. Nach einigen zaghaften Versuchen gibt er schnell auf und beschränkt sein Interesse am anderen Geschlecht auf die aus einer Modezeitschrift ausgeschnittene Fotografie einer ganz in Pelz gekleideten Dame (vgl. S. 5, Z. 15 ff.). Ebenso wenig erwachsen wirkt die Faszination, die seine Schwester auf ihn ausübt und die nicht frei von erotischen Fantasien ist (vgl. S. 51, Z. 24 ff.).

Gregors Bindungsunfähigkeit und seine inzestuösen Fantasien

Seine zunehmende Isolation von der Familie ist jedoch auch durch seine Sprachlosigkeit begründet. Da er sich nicht äußern kann, erkennen die Familienmitglieder nicht, dass er weiterhin über das Bewusstsein eines Menschen verfügt. Versuche, seine Bedürfnislage körpersprachlich

Kommunikations- und Verständigungsunfähigkeit als Ursache für die totale Isolation

auszudrücken, schlagen fehl. Seine Verwandlung in ein Ungeziefer bewirkt eine Entfremdung von allen ihn umgebenden Menschen und schließlich von sich selbst.

Der Prozess der langsamen Vertierung

Ohne es bewusst steuern zu können, schreitet seine Entwicklung von einem Menschen zum Tier unaufhaltsam fort. Mit der Eingewöhnung in seinen Insektenleib geht der Verlust einiger menschlicher Fähigkeiten wie z. B. der Sehfähigkeit einher. Insektentypisch sind weiterhin sein zunächst noch großer Bewegungsdrang, seine Lichtscheu, das Bedürfnis, unter dem Kanapee statt darauf zu liegen, und sein veränderter Appetit (vgl. S. 26, Z. 8 ff.). Obwohl er bis zu seinem Tod über eine menschliche Beobachtungs-, Empfindungs- und Reflexionsfähigkeit verfügt, sinkt er immer tiefer in die tierische Seinsweise ab. Da er sich immer rücksichtsloser und aggressiver verhält und seine „Schreckgestalt" (S. 51, Z. 23) zudem immensen Ekel auslöst, sinkt die Bereitschaft seiner Schwester, ihn zu pflegen. Schließlich verwahrlost er sowohl in körperlicher als auch in seelischer Hinsicht.

Das tragische Ende der Hauptfigur

Die Abwärtsbewegung in seinem Leben liegt dabei sowohl an ihm selbst, z. B. durch einen verringerten Appetit und schließlich durch die gänzliche Verweigerung der Nahrungsaufnahme, als auch an den äußeren Aggressionen seines Vaters und schließlich seiner Schwester. Dabei ist auffällig, dass er bis zu seinem Ende die Idealisierung seiner Familienmitglieder nicht aufgibt und deren Grausamkeiten nicht wahrhaben will. So gilt sein letzter Gedanke seinen Angehörigen, an die er „mit Rührung und Liebe zurück[denkt]" (S. 56, Z. 16 f.). Die unglückliche Beziehung zu seiner Familie, die einerseits durch Kälte, Isolation und Kommunikationsunfähigkeit gekennzeichnet ist, von der er sich andererseits aber auch nicht konsequent zu lösen vermag, verbindet dabei den Menschen Gregor Samsa mit dem Insekt, das aus ihm geworden ist.

Gregor Samsa kann man oberflächlich betrachtet als einen „Jedermann" bezeichnen, da er über keinerlei hervorstehende Eigenschaften oder auffällige Fähigkeiten verfügt. Vielmehr würde man ihn in einer Menge von Menschen kaum bemerken. Die Besonderheit und Tragik seiner Existenz liegen sowohl in den äußeren Zwängen als auch in seiner psychischen Konstitution begründet. In Beruf und Familie wird er ausgebeutet, ohne sich dagegen zu wehren. Eine Loslösung aus den Verstrickungen gelingt auch deshalb nicht, weil er sich in den ihn umgebenden Menschen wie auch in sich selbst täuscht. Deshalb bleibt er einsam. An den Konflikten und Herausforderungen seines Lebens reift er nicht, sondern geht an ihnen zugrunde.

3. Zusammenfassende Bewertung

Die Mutter

Anna Samsa ist als Mutter des in ein Insekt verwandelten Gregors und als Frau des ihn drangsalierenden Vaters in einer Doppelfunktion gefangen. Obwohl sie ihrem Mann sehr nahesteht und nach außen hin Geschlossenheit demonstriert, versucht sie dennoch, Gregor vor dessen gewalttätigen Angriffen zu schützen (vgl. S. 42, Z. 8 ff.). Über ihr äußeres Erscheinungsbild lassen sich nur wenige Aussagen machen. Eine Rolle spielen die für sie typischen „aufgebundenen Röcke" (S. 42, Z. 11), von denen sie offenbar mehrere übereinander trägt und die bereits auf ihre Rolle und Funktion als Ehefrau und Mutter verweisen.

1. Personalien, sozialer Status und äußeres Erscheinungsbild

Bedingt durch ihre schwache körperliche Konstitution, die sich vor allem durch eine Erkrankung an Asthma (vgl. S. 31, Z. 9) erklärt, nimmt sie oftmals im Geschehen eine eher passive Rolle ein, wenn sie diesem nicht gar durch Ohnmachtsanfälle (vgl. S. 39, Z. 2 ff.; S. 42, Z. 9) oder erschöpften Schlaf (vgl. S. 55, Z. 34) vollständig entzogen ist. Auffallend sind dabei vor allem die jeweiligen Zeitpunkte, an denen solches geschieht: Es handelt sich jedes Mal um eine konflikthaft zugespitzte, hektische Situation im Zusam-

2. Wesentliche Charaktereigenschaften und Verhaltensweisen

Ihre körperliche Schwäche und ihre Rolle im Familiengefüge

menhang mit dem verwandelten Gregor. Insgesamt übernimmt sie innerhalb der Familie den Part des schwächsten
Glieds.

Ihre unterge-
ordnete Rolle in
einer patriarcha-
len Welt

Aus der Rolle der Frau in einem patriarchal geführten Haushalt kann sie sich jedoch trotz der offensichtlichen Wider-
stände gegen einige Entscheidungen und Handlungen
ihres Mannes und ihrer Tochter nicht lösen. Dies zeigt sich
schon allein daran, dass sie die Wohnung niemals verlässt.
Selbst in der finanziellen Notlage der Familie sucht sie sich,
anders als Vater und Tochter, eine Tätigkeit (Näherin), die
sie von zu Hause erledigen kann (vgl. S. 43, Z. 12) und die
zudem als typisch weiblich gelten darf. Dennoch zeigt sich
hieran, dass ihre Belastbarkeitsgrenze in Zeiten der Not hö-
her liegt, als man dies zunächst vermutet hätte.

Ihre Beziehung
zu ihrem
„unglückliche[n]
Sohn" (S. 33,
Z. 32)

Ihren ersten ohnmachtsartigen Schwächeanfall erleidet sie
beim Anblick des Verwandelten. Wieder erwachend, erlebt
sie die Verfolgung des Prokuristen und reagiert darauf mit
hektisch-panischer, unkontrollierter Aktivität, wenn sie sich
„wie in Zerstreutheit, eilig" (S. 21, Z. 2) auf den noch gedeckten Tisch setzt und dabei die gefüllte Kaffeekanne um-
stößt. Da sich dieses Verhaltensmuster wiederholt, kann
neben der körperlich schlechten Verfassung auch ein see-
lisches Ungleichgewicht vermutet werden. Sie bringt es
nicht fertig, wie ihre Tochter mit dem verwandelten Gregor umzugehen oder gar wie ihr Mann aggressiv gegen
ihn vorzugehen, wenn er sie erschreckt oder stört. Ganz im
Gegenteil sieht sie in ihm weiterhin ihren „unglückliche[n]
Sohn" (S. 33, Z. 32) und betrachtet hoffnungsvoll die Verwandlung als einen vorübergehenden Zustand, als könnte
ihr Sohn wie von einer Art Reise gänzlich unverändert zu-
rückkehren (vgl. S. 35, Z. 30ff.). Sie findet sich mit der
neuen Realität nicht ab, sondern versucht stattdessen, un-
angenehme Wahrheiten zu verdrängen.

Die mangelnde
Durchsetzungs-
fähigkeit und
zunehmende
Schwäche

Ihren Skrupeln vor dem Ausräumen seines Zimmers kann
sie jedoch nicht genügend Nachdruck verleihen, ebenso

wie sie ihren Wunsch nach Kontakt nicht gegen ihren Mann und ihre Tochter durchsetzen konnte. Auf diese Weise laufen ihre guten und richtigen Instinkte und Absichten, die auch Gregor als ein besseres Verständnis für seine Lage würdigt (vgl. S. 36, Z. 9 ff.), ins Leere. Ein letztes Mal geschieht dies, als sie mit einer Großreinigung von Gregors zu diesem Zeitpunkt völlig verdrecktem Zimmer mithilfe „einiger Kübel Wasser" (S. 46, Z. 21) den Sohn unbewusst kränkt und heftige Vorwürfe Gretes und ihres Mannes auslöst. Die daraus resultierende Verschlechterung ihres Zustandes erklärt, dass ihre Rede- und Handlungsanteile stetig sinken, bis sie schließlich durch Atemnot, einen starken Husten sowie einen „irrsinnigen Ausdruck" (S. 53, Z. 34) in ihren Augen körperlich und seelisch erschöpft zu sein scheint.

Nach Gregors Tod erholt sie sich jedoch sehr schnell und scheint angesichts der allgemeinen Erleichterung gänzlich zu gesunden. So richtet sie auffordernd das Wort an die Bedienerin, als diese die drei Samsas beim Briefeschreiben an die Arbeitgeber stört (vgl. S. 59, Z. 25 f.), und genießt wie die anderen den Ausflug ins Freie. Die beim Anblick ihrer Tochter sich gleichenden Gedanken des Ehepaars Samsa offenbaren zudem Anna Samsas Übereinstimmung mit ihrem Mann in Bezug auf zukünftige Wünsche und Absichten. In der Rolle als Ehefrau scheint sie schließlich ganz und gar aufgegangen und sich selbst gefunden zu haben. Ihr Auftritt am Ende lässt erahnen, dass sie über den Tod Gregors hinwegkommen wird.

Optimistische Rückkehr in die Normalität

Anna Samsa übernimmt widerspruchslos die Rolle einer Frau in einer patriarchalen Welt und sieht ihre Aufgaben in erster Linie in der Beziehung zu ihrem Mann, der Erziehung ihrer Kinder und im Führen des gemeinsamen Haushalts. An der vollständigen Erfüllung dieser Pflichten hindert sie allerdings ihre körperliche Schwäche. Da sie es zudem allen recht machen will, gerät sie angesichts des sich zuspitzen-

3. Zusammenfassende Bewertung

den Konflikts zwischen Vater und Sohn in Schwierigkeiten. Obwohl sie als Einzige noch ein Gespür für Gregors Menschlichkeit zu haben scheint, kann sie ihn letztlich nicht vor dem endgültigen Verderben retten: Zu schwach und zögerlich ist ihr Widerstand gegen die zunehmend grausame Behandlung ihres Sohnes durch ihren Mann und ihre Tochter, um sich durchsetzen zu können. Obwohl sie das Ungewöhnliche in Gestalt ihres verwandelten Sohnes erlebt und in gewisser Weise Anteil nimmt, bleibt sie letztlich in der gewöhnlichen, biederen und bürgerlichen Welt verhaftet.

Die Mutter

Vorgeschichte ⟶ nach Gregors Verwandlung ⟶ später/Ausblick

Entwicklung

• hat Asthma • ist nicht erwerbstätig und kann aufgrund körperlicher Schwäche ihre Haushaltspflichten kaum wahrnehmen	• fällt häufig in Ohnmacht • steht zwischen den Interessen vom Ehemann und ihrem Sohn	• näht in Heimarbeit und übernimmt Hausarbeit • stimmt in ihren Zielen und Vorstellungen mit ihrem Mann überein

Beziehung zu Gregor

• sieht ihn mit mütterlichen Augen noch als Kind und sorgt sich um sein verkümmertes Privatleben	• sieht ihn als ihren „unglücklichen Sohn" (S. 33, Z. 32) und verdrängt die Unwiderruflichkeit seiner Verwandlung • kann ihren Wunsch nach Nähe nicht verwirklichen	• kommt nach seinem Tod vereint mit Ehemann und Tochter schnell über den Tod Gregors hinweg

Der Vater

Der Vorname des Vaters wird in der gesamten Erzählung nicht genannt, was auf seine besondere Distanz zu Gregor hinweist. Seine Position und Rolle innerhalb der Familienstruktur sowie sein äußeres Erscheinungsbild verändern sich im Laufe der Handlung in einem ganz erstaunlichen Ausmaß. In der Vorgeschichte ist er als Geschäftsführer (vgl. S. 28, Z. 35) zugleich auch das Oberhaupt seiner Familie, was sich jedoch mit dem Zusammenbruch und dem anschließenden Konkurs fünf Jahre vor Erzählbeginn radikal verändert. Seither lebt er wie seine Frau und Tochter von dem Einkommen seines Sohnes, bis die Verwandlung Gregors ihn schließlich zwingt, erneut beruflich als Bankbediensteter tätig zu sein (vgl. S. 40, Z. 28 f.).

1. Personalien, sozialer Status und äußeres Erscheinungsbild

In der Vorgeschichte zeichnet sich der Vater besonders durch seine greisenhaften Charakterzüge aus. Seit der Aufgabe der Erwerbsarbeit ist er körperlich so schwerfällig geworden, dass ihm selbst ein langsamer Spaziergang äußerste Mühe bereitet. Seine Trägheit äußert sich auch in der Gewohnheit, sich „im Schlafrock im Lehnstuhl" (S. 40, Z. 18) vornehmlich sitzend aufzuhalten. Die nonverbalen Signale weisen auf eine festgefahrene, statische Lebenssituation hin, in der Veränderungen kaum möglich erscheinen. Trotz der offensichtlichen Gebrechlichkeit sowie des Verlustes der Position des Familienernährers wird er nicht an den Rand gedrängt, sondern ist immerzu von den beiden Frauen umgeben und beansprucht als Familienmittelpunkt deren volle Aufmerksamkeit. Dafür spricht unter anderem seine Gewohnheit, „seine nachmittags erscheinende Zeitung der Mutter und manchmal auch der Schwester mit erhobener Stimme vorzulesen" (S. 24, Z. 1 f.).

2. Wesentliche Charaktereigenschaften und Verhaltensweisen

Der Vater der Vorgeschichte – ein seniler Greis

Mit der Verwandlung des Sohnes jedoch übernimmt er erneut die Führung der Familiengeschicke. Dass er heimlich doch noch über etwas Bargeld bzw. Sicherheiten verfügt und Kapital aus Gregors Verdienst anspart, legt den Schluss

Erstarkung nach der Verwandlung Gregors

nahe, dass er seine Hauptrolle in der Familie niemals wirklich, sondern nur zum Schein und aus Bequemlichkeitsgründen dem Sohn überlassen hat. Nicht nur ein klarer Betrug, sondern eine verdeckte Rivalität zwischen Vater und Sohn werden damit ersichtlich. Nach Gregors Verwandlung schlagen die vormals latenten Gefühle in offene Gewaltausübung um. Schon beim ersten Anblick des Ungeziefers „ballte [der Vater] mit feindseligem Ausdruck die Faust" (S. 18, Z. 1 f.) und scheint es zurückdrängen zu wollen, eine Absicht, welche er später mehrmals in die Tat umsetzt.

Charakterliche Widersprüche

Allerdings lässt sich an seinen Weinkrämpfen seine ambivalente Gefühlslage erkennen: Hinter der demonstrierten Stärke werden Hilflosigkeit und Leidensfähigkeit deutlich, die nicht recht zu dem sich fortsetzenden Wiedererstarken des Vaters passen wollen. Insofern zeigen sich hinter der Fassade von Souveränität und Führungsstärke Anzeichen für Alter, Schwäche und Eigensinn.

Rivalität, Unverständnis und Härte gegenüber dem Sohn

Bei seinen Angriffen auf Gregor – am Ende der ersten beiden Kapitel – geht alle Aktivität von ihm aus. Ausgelöst werden die Angriffe jeweils durch eine falsche Interpretation der Absichten, die sich hinter dem Verhalten Gregors verbergen. Da er nicht erkennt, dass Gregor über ein menschliches Bewusstsein verfügt, bekämpft er ihn mit unerbittlicher Härte. So fügt er ihm beim ersten Angriff durch einen Tritt eine stark blutende Wunde zu, obwohl dieser schon auf dem Rückzug ist und ein Öffnen der anderen Türhälfte genügt hätte, um ihn in sein Zimmer zurückzubefördern. An der Schilderung des zweiten Angriffs auf Gregor, bei dem er ihn wie bei einer Treibjagd mit Äpfeln bewirft, wird deutlich, dass er auf eine Gelegenheit zur Bestrafung geradezu gewartet zu haben scheint. Er kann nun „gleichzeitig wütend und froh" (S. 40, Z. 9) seiner angestauten Abneigung gegen das Ungeziefer – seinen Sohn – Ausdruck verleihen. Dass ihn seine Frau davon abhält, Gregor zu töten, erweist sich im Nachhinein nur als Verzögerung des Sterbeprozesses, denn ein Apfel durchschlägt den Panzer Gregors, bleibt im Fleisch stecken und verfault dort schließlich. So ist die „größte Strenge" (S. 41, Z. 9) seines Vaters, unter der Gregor Zeit seines Lebens physisch, aber auch psychisch zu leiden hat, mitverantwortlich für dessen Siechtum und frühen Tod.

In den Kommunikationssituationen mit dem Prokuristen und den Zimmerherren zeigt sich allerdings der Familienpatriarch auffallend unterwürfig. Diejenigen, die rein äußerlich – wie der Prokurist durch seine berufliche Position und die Zimmerherren durch ihre ökonomische Überlegenheit – mit Macht ausgestattet sind, werden vom Vater hofiert und bedient (vgl. S. 12, Z. 21 ff.; S. 50, Z. 3 ff.). Seine Bewunderung für Autoritäten korrespondiert dabei mit dem Wunsch, selbst eine zu sein. Obwohl er als Bankbediensteter eine untergeordnete Position einnimmt und „den kleinen Bankbeamten das Frühstück" (S. 45, Z. 6 f.) holt, spielt er sich zu Hause auf, als sei er unersetzbar. Eigensinnig behält er seine Uniform an, als wolle er sich jederzeit zum Abruf bereithalten (vgl. S. 43, Z. 21 ff.).

Unterwürfigkeit gegenüber Autoritäten bei gleichzeitig autoritärem Verhalten gegenüber Schwächeren

Sein Streben nach Macht wird auch in dem steten Bemühen sichtbar, die Führungsposition in der Familie einzunehmen und die Familiengeschicke – zunächst im Geheimen und später offen – zu leiten. Seinen Anspruch, jederzeit den Mittelpunkt der Familie zu bilden, macht er durch demonstrative Gesten und Wünsche geltend: So ist er beständig von den beiden Frauen umringt und wird von diesen umsorgt und bedient (vgl. S. 60, Z. 10 ff.).

Mit seiner Position als *pater familias*, von der er nur scheinbar und sehr berechnend zeitweilig abgerückt ist, repräsentiert er zugleich die gesellschaftliche Ordnung. In dieser gilt uneingeschränkt das Recht des Vaters, das Gregor zu seinem Verderben angetastet hat, vielleicht auch ohne es zu wollen, als er als Sohn die Rolle des Familienoberhaupts

Der Vater als Repräsentant der gesellschaftlichen Ordnung

beansprucht hat. Das Wiedererstarken des Vaters und der Tod des Sohnes entsprechen demnach der Wiederherstellung der „Ordnung" (S. 59, Z. 30) – mit dem Vater als unverrückbarem Zentrum. Dies erklärt die überaus erleichterte Reaktion des Vaters auf Gregors Tod, für den er ausdrücklich „Gott" (S. 57, Z. 20) dankt und sich dabei bekreuzigt. Die Existenz Gregors, die für die gesamte Familie, besonders jedoch für ihn persönlich peinlich ist, will er schnell vergessen. Damit, dass er von den Frauen fordert, die „alten Sachen" (S. 60, Z. 9 f.) loszulassen, degradiert er Gregor noch über dessen Tod hinaus zur Sache.

3. Zusammenfassende Bewertung

Der Vater erscheint in der Erzählung gleichermaßen als Charakter und als Funktionsträger. Seine Aggressionsbereitschaft und Tyrannei lassen ihn zunächst als eine rein negative Figur erscheinen, wären da nicht auch Hinweise auf eine andere, schwächere Seite. Diese zeigt er allerdings nur sehr selten – etwa, wenn er bei Gregors Anblick in Tränen ausbricht (vgl. S. 18, Z. 4 f.) – und findet dann schnell wieder zu seiner gewohnt strengen und unerbittlichen Haltung. Es scheint, als wolle er unter allen Umständen vermeiden, dass Schwäche und Mitleid zu einem Teil seines Charakters werden. Dass ihm dies auch gelingt, macht ihn zu einem ewig Überlegenen. Schließlich steht er als Gewinnertypus da, was allerdings auch in den gesellschaftlichen Strukturen begründet liegt. In ihnen nimmt er im Gegensatz zu Gregor einen festen Platz ein: Als Ehemann und Familienvater muss er nicht eigens um eine Existenzberechtigung kämpfen, sondern behauptet trotz seines beruflichen Scheitens seinen Platz in der Welt.

Der Vater

Vorgeschichte ⟶ nach Gregors Verwandlung ⟶ später/Ausblick

Entwicklung

• erfolgloser ehemaliger Geschäftsmann • alt, schwerfällig und ungepflegt • ist auf die Rücksichtnahme seiner Angehörigen angewiesen	• sucht sich einen Beruf als Bankbediensteter • übernimmt die Position des Familienoberhaupts und regelt die Finanzen • erholt sich und erstarkt	• ordnet sich zunächst den Zimmerherren unter, verweist sie dann der Wohnung • blickt optimistisch in die Zukunft

Beziehung zu Gregor

• nimmt gern sein Geld und unterschlägt einen Teil • missbilligt Gregors Zukunftspläne für Grete	• missversteht Gregor und unterstellt ihm aggressive Absichten • will ihn von der übrigen Familie fernhalten • hält die Kommunikation mit ihm für unmöglich • verletzt ihn schwer	• begrüßt seinen Tod

Die Schwester

Grete Samsa ist mit einsetzender Handlung „noch ein Kind […] mit ihren siebzehn Jahren" (S. 31, Z. 12f.), das als solches sowohl von den Eltern als auch von ihrem Bruder nicht als vollwertiges Familienmitglied anerkannt wird. Durch ihren Lebenswandel, der darin besteht, „sich nett zu kleiden, lange zu schlafen, in der Wirtschaft mitzuhelfen, an ein paar bescheidenen Vergnügungen sich zu beteiligen und vor allem Violine zu spielen" (S. 31, Z. 14ff.), kommt

1. Personalien, sozialer Status und äußeres Erscheinungsbild

sie ihren Eltern gar als „ein etwas nutzloses Mädchen"
(S. 33, Z. 21) vor. Ihre untergeordnete Rolle zeigt sich auch
daran, dass sie im Zusammenhang mit den gemeinsamen
Spaziergängen der Familie und der Tischordnung gar nicht
erwähnt wird (vgl. S. 40, Z. 21 ff.; S. 49, Z. 5 f.).

2. Wesentliche Charaktereigenschaften und Verhaltensweisen

Im Gegensatz zu den Eltern findet Gregor, dass ihr „ihre
bisherige Lebensweise so sehr zu gönnen" (S. 31, Z. 13 f.)
sei, und möchte sie gern auf ein Konservatorium schicken,
wo sie ihr musikalisches Talent zur Entfaltung bringen soll.
Die Erwartungen an Gretes Zukunft seitens der Eltern hingegen sehen anders aus: Sie sehen für sie die traditionelle
Rolle als Ehefrau eines „braven Mann[es]" (S. 60, Z. 32) vor
und wollen von anders gelagerten Plänen Gregors nichts

Grete zwischen den unterschiedlichen Erwartungen vom Vater und dem Bruder

hören. Hieran wird deutlich, dass sich Grete im Spannungs-
feld zwischen den unterschiedlichen Erwartungen des Bruders und des Vaters befindet. Während sie zunächst noch
ihrem Bruder nahesteht, wandelt sich ihre Haltung im Verlauf der Erzählung. Schließlich wendet sie sich ihrem Vater
zu und wird am Ende gar zur Hauptgegnerin Gregors. So
ist sie es, die dem Insekt als Erste das Existenzrecht abspricht und den Bruder damit zum Tode verurteilt (vgl.
S. 54, Z. 5).

Gretes neue Aufgabe als Pflegerin ihres Bruders und ihr wachsendes Selbstbewusstsein

Auf die Verwandlung ihres Bruders reagiert sie zunächst
fürsorglich. Obschon sie beim Anblick seiner fürchterlichen
Gestalt derart erschrickt, dass sie unkontrolliert seine Zimmertür wieder zuschlägt, bringt sie ihm seine Lieblingsspei-
se und, als er diese verschmäht, eine Reihe weiterer Nah-
rungsmittel zur Auswahl. Die selbstverständliche Übernah-
me der Pflege Gregors, der der Vater zustimmt, festigt ihre
neue Vermittlerrolle zwischen dem Bruder und den Eltern.
Dadurch, dass sie sich nicht selbst ein Bild von der Lage
machen und stattdessen neugierig auf ihre Berichte warten, gewöhnt sie sich bald an, „als besonders Sachverstän-
dige [...] aufzutreten" (S. 36, Z. 17 f.), sie gewinnt darüber
Anerkennung und Einfluss. Das neu erwachende Selbstbe-

wusstsein und der Wille, sich als nützliches Familienmitglied zu behaupten, spielen demnach bei ihren zunächst altruistisch[1] erscheinenden Handlungen eine Rolle und helfen ihr anfangs noch, die spürbare Abscheu gegen das Ungeziefer zu überwinden.

Anders als die Mutter begreift sie Gregor sehr schnell als ein Tier, bringt ihm das Essen in einem „Napf" (S. 23, Z. 21) und schließt ein mögliches Verständnis ihrer Gesten und Worte durch Gregor aus, wenn sie ihre Arbeit nur unter „Seufzer[n] und Anrufe[n] der Heiligen" (S. 27, Z. 29) fertig bringt. Ihr sich wiederholendes Erschrecken angesichts seines Körpers (vgl. S. 32, Z. 25 ff.) sowie die Dankbarkeit, als er es unter großer Mühe schafft, sich vollends vor ihr zu verstecken, zeigen zudem, dass die äußerliche Gestalt für ihre Einschätzung ausschlaggebend ist. Im Insekt kann sie ihren Bruder nicht mehr erkennen. Die endgültige gedankliche Trennung wird später zum Hauptargument dafür, ihm seine Daseinsberechtigung abzusprechen. Aus der Perspektive Gregors wird damit aus der einstigen engen Verbundenheit ein für ihn tödlich endender Verrat.

Ihre Sichtweise auf den Bruder – ein Tier

Einen besonders tiefen Riss erfährt ihre Beziehung, als Grete die Möbel in Gregors Zimmer ausräumen will, um ihm mehr Platz zum Kriechen zu verschaffen. Misstrauisch geworden, vermutet Gregor den Grund für dieses Vorhaben in dem „schwärmerische[n] Sinn" (S. 36, Z. 28) des Mädchens. Innerlich wirft er ihr vor, dass sie seine isolierte und nicht menschliche Lebensweise bewusst verschärfen wolle, damit sie fortan die Einzige sei, die sich noch in Gregors leeres Zimmer hineintraue (vgl. S. 36, Z. 32 ff.).

Seit sich Gregor beim Ausräumen seines Zimmers geweigert hat, sein Bild von der Dame im Pelz herauszugeben,

---

[1] altruistisch: aufopfernd, aufopferungsvoll, aus reiner Menschenliebe, selbstlos, uneigennützig; (geh.): edel, edelmütig, großherzig, hochherzig, nobel

Gretes Wandel zur bestimmenden, machtvollen Handlungsträgerin

nimmt Grete eine deutlich aggressivere Haltung ihrem Bruder gegenüber ein. Da unklar ist, inwieweit sie seine inzestuösen Wünsche teilt, könnte hierbei auch Eifersucht eine Rolle spielen. Zum ersten Mal spricht sie ihn drohend mit seinem Namen an und unterstreicht ihre Entschlossenheit durch Drohgebärden und „eindringliche[...] Blicke[...]" (S. 38, Z. 35 f.). Ihre Entschlossenheit und neue Machtfülle werden dabei durch das Motiv der Faust veranschaulicht. Die eigentliche Gewaltanwendung geht dann zwar vom heimkehrenden Vater aus, doch ist es ihr Ausruf – „Gregor ist ausgebrochen." (S. 39, Z. 28 f.) –, der ihn dazu veranlasst.

Die familiär angespannte Situation zieht zwar einige Wutanfälle Gretes nach sich, ist jedoch ihrer Entwicklung zu einer zunehmend selbstbewussten jungen Frau nicht abträglich. So arbeitet sie vorausschauend und bedacht für bessere Zukunftsperspektiven, indem sie neben ihrem Job als Verkäuferin Kurse in „Stenografie und Französisch" (S. 43, Z. 14 f.) belegt, und gewöhnt sich an, wie zum Zeichen einer neu gewonnenen Freiheit, ihren Hals „ohne Band oder Kragen" (S. 51, Z. 37) zu tragen. Ihre Lebensenergie offenbart sich besonders im extremen Gegensatz zu Gregors Lebensuntauglichkeit, wenn es im Schlussbild der Erzählung heißt, sie sei „zu einem schönen und üppigen Mädchen aufgeblüht" (S. 60, Z. 29 f.).

Grete als erwerbstätige und selbstständige junge Frau

Eine besonders tragende Rolle kommt ihr schließlich während und nach ihrem Violinspiel zu, welches als Vergnügung für die Zimmerherren gedacht ist und schließlich das Ende Gregors einleitet, indem es ihn ins Wohnzimmer lockt. Während er eine Aufwallung von zum Teil erotischer Zuneigung empfindet, steigert sich ihr Abscheu schließlich zu offenem Hass, der sie das Todesurteil für Gregor aussprechen lässt. Indem sie für eine vollständige Trennung zwischen ihrem Bruder und dem „Untier" (S. 53, Z. 27) plädiert und sich dadurch emotional von dem Verwandelten trennt, spricht sie ihm jedes Recht auf Leben und Zusammengehörigkeit mit seiner Familie ab.

In Übereinstimmung mit ihrem Urteil, „dass er verschwinden müsse" (S. 56, Z. 17), tritt er schließlich den Rückzug in die Isolation seines Zimmers an, das sie schließlich noch bekräftigend verschließt. Neben dem im Rücken faulenden Apfel ist ihre Abwendung von ihm der Grund für seinen Tod. Im Gegensatz zu dem vertrockneten Leichnam Gregors stehen ihre Vitalität, ihr Optimismus und die körperlich gute Verfassung im Schlussbild der Erzählung. Diese weisen darauf hin, dass sie schließlich – in Übereinstimmung mit dem Willen der Eltern – ihr Glück in Ehe und Mutterschaft finden wird (vgl. S. 60, Z. 32f.). *Todesurteil durch Grete*

Grete Samsa zeichnet sich vor allem durch ihre Wandelbarkeit aus. Sie reagiert am stärksten auf die Veränderungen, denen die Familie ausgesetzt ist. Ein Grund für ihre Beeinflussbarkeit liegt in ihrer Jugend: Scheint sie zunächst noch offen für verschiedene Entwicklungsmöglichkeiten zu sein, so verengt sich diese Perspektive schließlich auf die Rolle, die ihr die Eltern – und mit ihnen gleichzeitig die Gesellschaft – aufzwingen. Mit der Hinwendung zu dieser traditionellen Rollenerwartung schwindet zugleich ihr Mitleid mit dem ausgeschlossenen Bruder. Dass ausgerechnet sie, die sich zuvor engagiert um sein Wohl gekümmert hat, es ist, die sein endgültiges Verschwinden fordert, betont ihre Brutalität. Dadurch haftet ihrem äußerlich makellosen „jungen Körper" (S. 60, Z. 35) ein fader Beigeschmack an. *3. Zusammenfassende Bewertung*

Die Schwester

Vorgeschichte ⟶ nach Gregors Verwandlung ⟶ später/Ausblick

Entwicklung

• 17 Jahre alt • verbringt viel Zeit mit Vergnügungen und Violinspielen • wird von ihren Eltern als nutzlos eingeschätzt	• übernimmt die Pflege des Insekts • erfährt Akzeptanz als „nützliches" Familienmitglied • tritt selbstbewusst auf	• Verkäuferin • nutzt Bildungsangebote • wendet sich zum Vater hin • präsentiert sich als junge, heiratsfähige Frau

Beziehung zu Gregor

• steht ihm als Einzige der Familie nah	• erkennt seine „tierischen" Bedürfnisse, ekelt sich jedoch zugleich vor ihm • beurteilt ihn als Tier, spricht ihn jedoch einmal mit seinem Namen an	• vernachlässigt ihre selbstauferlegten Pflichten ihm gegenüber • degradiert ihn zum Gegenstand und spricht ihm das Existenzrecht ab

Zusammenfassung: Die Hauptfiguren

Die Mitglieder der Familie als wirkliche Charaktere

Die Charakterisierung der Hauptfiguren zeigt, dass diese als wirkliche Personen mit individuellen und unverwechselbaren Eigenschaften beschrieben werden, wohingegen die Nebenfiguren eher als Typen fungieren und als solche Spiegelungs-, Verfremdungs- oder Kontrastfunktionen übernehmen. In diesem Zusammenhang ist jedoch auffällig, dass letztlich den Mitgliedern der Familie Samsa – bis auf Gregor – in ihren unterschiedlichen psychischen Konstitutionen eines gemeinsam ist: Sie reagieren auf die Verwandlung Gregors ihrerseits mit einer weitreichenden Metamorphose, bei der sie ihre einstige Schwäche auf unterschiedliche Weise überwinden.

Ihr Erstarken und ihr Überlebenswille führen trotz aller Trauer und Bemühungen letzten Endes zur Ablehnung Gregors, sodass sie zum Ende der Erzählung eine Einheitsfront gegen diesen bilden und schließlich in der Erleichterung über sein Ableben vereint sind.

Die Nebenfiguren

Der Prokurist

Der Vorgesetzte erscheint als verlängerter Arm des Chefs und verkörpert in persona die von Gregor als äußerst belastend empfundene Berufswelt des Handlungsreisenden. So erscheint er unverzüglich, nachdem Gregor seinen Frühzug versäumt hat, unangemeldet in der Wohnung der Samsas, um ihn zur Rede zu stellen. Erscheinungsbild und Auftreten untermauern die Entschlossenheit und Unerbittlichkeit seines Vorgehens. Noch bevor er ein einziges Wort sagt, hört Gregor seine knarrenden „Lackstiefel" (S. 12, Z. 16) im Nebenzimmer. Der dadurch erweckte herrische äußere Eindruck wird durch einen Stock sowie einen Hut und Überzieher (vgl. S. 21, Z. 22 f.) komplettiert.

1. Personalien, sozialer Status und äußeres Erscheinungsbild

Seine Bewegungen und Äußerungen lassen auf die große Ungeduld eines Menschen schließen, der es nicht gewohnt ist, dass man ihn warten lässt. Als Gregor zögert, die Tür zu öffnen, hört er sich zwar die Beschwichtigungsversuche der Mutter an, äußert jedoch sogleich sein Unverständnis darüber, dass Gregor seine Krankheit, die er zudem beschönigend als „leichtes Unwohlsein" (S. 14, Z. 25) bezeichnet, zugunsten geschäftlicher Interessen nicht zurückstellen wolle. Sein Verhalten und seine Gestik drücken Überlegenheit aus und lassen ihn zudem als einen Menschen erscheinen, welcher es gewohnt ist, die Situation zu beherrschen.

2. Wesentliche Charaktereigenschaften und Verhaltensweisen

Der Prokurist als Autoritätsfigur

Die Strategie des Prokuristen – Drohungen und Unterstellungen

Ohne Gregors bisherige berufliche Zuverlässigkeit zu berücksichtigen, äußert er für alle hörbar seine Vorbehalte. Nur scheinbar widerspricht er seinem und Gregors Chef, der Gregor misstrauisch unterstellt, dass das Nichterscheinen Gregors etwas mit der ihm neuerdings anvertrauten Inkasso-Vollmacht zu tun habe. Seine intrigante Art lässt sich daran ablesen, dass er sich nach außen als Fürsprecher Gregors präsentiert, nach innen jedoch als verlängerter Arm seines Chefs wirkt. Schließlich droht er ganz offen mit einer möglichen Kündigung aufgrund unbefriedigender Leistungen in der letzten Zeit, ohne Gregor auch nur im Ansatz die Gelegenheit zu geben, hierzu Stellung zu nehmen (vgl. S. 13, Z. 35 – S. 14, Z. 22). Zugleich wird an der monologischen Struktur[1] seiner Drohrede deutlich, dass er ohnehin kein wirkliches Interesse zu haben scheint und überdies keine Entschuldigung oder Erklärung würde gelten lassen.

Der Prokurist als lächerliche Figur

Der selbstherrliche Auftritt endet jäh mit dem Anblick des Verwandelten und weicht dem Eindruck eines zutiefst schockierten Menschen. Alle Sprachgewalt sowie Verhaltenskontrolle fallen so plötzlich von ihm ab, dass der radikale Umschwung eine komische Wirkung erzeugt. In Panik fluchtartig die Wohnung verlassend und dabei Angstgeräusche ausstoßend, kann diese Figur aufgrund der zuvor erweckten Antipathie nicht einmal mehr Mitleid, sondern höchstens noch unfreiwillige Komik bzw. Schadenfreude erzeugen (vgl. S. 21, Z. 15 ff.). Der Autoritätsverlust wird sinnbildlich durch das Zurücklassen der Statussymbole Stock, Hut und Überzieher verdeutlicht, sodass von dem, was sein Erscheinungsbild und seinen Charakter zuvor ausgemacht hat, beim Abgang nicht mehr viel übrig bleibt. Mit

---

[1] Es geht dem Prokuristen in seiner Drohrede nicht darum, Antworten zu bekommen oder den Adressaten besser zu verstehen. Insofern er nur die eigene Position deutlich machen will und sich auf Vorwürfe beschränkt, hat er seinen Gegenüber – als sei er allein auf der Erzählbühne und halte einen Monolog – nicht im Blick.

seinem Verschwinden gerät im weiteren Verlauf der Erzählung auch das Thema Beruf aus dem Fokus Gregors.

Durch die Figur des Prokuristen werden die Leere und Inhaltslosigkeit entlarvt, die hinter einer Autoritätsfigur verborgen liegen können. Der radikale Umschwung von einer angsteinflößenden zu einer eher komisch-lächerlichen Wirkung zeigt, dass das Ansehen, welches der Prokurist genießt, lediglich auf äußeren und oberflächlichen Faktoren beruht. Er ist nur so lange Herr der Lage, wie sich ihm alle beugen und er sich dadurch auf gewohntem Terrain bewegt. Im Angesicht des Ungewöhnlichen und Schrecklichen jedoch erweist sich seine Selbstsicherheit als brüchig und er wird der Lächerlichkeit preisgegeben.

3. Zusammenfassende Bewertung

Die Bedienerin

Die Bedienerin wird eingestellt, nachdem die ersten beiden Dienstmädchen wegen ihrer Ängste angesichts des Insekts den Haushalt der Samsas verlassen haben. Im Gegensatz zu ihnen wird die „alte Witwe, die in ihrem langen Leben mit Hilfe ihres starken Knochenbaues das Ärgste überstanden haben mochte" (S. 47, Z. 7 ff.), nicht für die Führung des gesamten Haushaltes, sondern lediglich für die schwersten Arbeiten eingestellt, die der Mutter nicht noch zusätzlich zu ihrer Näharbeit zugemutet werden können.

1. Personalien, sozialer Status und äußeres Erscheinungsbild

Als sie Gregor eines Tages entdeckt, reagiert sie völlig unerwartet und gänzlich anders als alle anderen Personen: Weder hat sie ein Fluchtbedürfnis, wie ihre Vorgängerinnen oder der Prokurist, noch empfindet sie Ekel oder Angst wie die Familienangehörigen. Stattdessen bleibt sie „die Hände im Schoß gefaltet staunend stehen" (S. 47, Z. 13 f.) und bildet so einen ruhenden Gegenpol zu der allgemeinen Aufregung um Gregors Verwandlung.

2. Wesentliche Charaktereigenschaften und Verhaltensweisen

Allerdings führt die neue Kenntnis dieser widerstandsfähigen Person über die Anwesenheit eines Rieseninsekts nicht, wie angenommen werden kann, zu einer Verbesserung

Die Bedienerin als lebenstüchtige Figur

von Gregors Situation: Statt sich um den Zustand des mittlerweile verwahrlosten Zimmers zu kümmern, schaut sie lediglich täglich herein und spricht Gregor burschikos mit „Mistkäfer" (S. 47, Z. 18 f.) an. Ihre Furchtlosigkeit führt dazu, dass sie dem über ihre Verhaltensweise erbosten und sich eines Tages gegen sie wendenden Gregor einen Gegenangriff nur androhen muss, um ihn zum Rückzug zu zwingen. Dazu kommt, dass sie alles durch den Einzug der Zimmerherren überflüssig gewordene Mobiliar achtlos wie Gerümpel in sein Zimmer schleudert. Ihre körperliche Kraft, die geräuschvolle Art, sich durch die Wohnung zu bewegen, und die Entschlossenheit bei allen ihren Handlungen verweisen auf ihre Lebenstüchtigkeit (vgl. S. 56, Z. 25 ff.).

Mangelndes Einfühlungsvermögen und mangelnde Sensibilität

Diese hat jedoch eine negative Kehrseite: In ihre Mitmenschen und in Gregor kann sie sich nicht einfühlen und verhält sich entsprechend unsensibel. Ihre Respektlosigkeiten gegenüber Gregor nehmen ihm den letzten Rest Privatsphäre und Selbstachtung, der ihm noch geblieben ist. Als sie seine Leiche entdeckt, stößt sie ihn mit einem Besen und entsorgt kurzentschlossen den – von ihr charakteristischerweise als „Zeug" (S. 59, Z. 28) bezeichneten – Kadaver, wofür sie von der Familie schließlich großen Dank erwartet. Als die Samsas ihren Bericht darüber, „wie das Zeug von nebenan" (S. 59, Z. 28) weggeschafft wurde, nicht einmal anhören wollen, sondern im Gegenteil ihre aufdringliche Art als störend empfinden, bemerkt sie dies nicht und zieht sich nicht diskret zurück, sondern verlässt beleidigt „unter fürchterlichem Türezuschlagen die Wohnung" (S. 60, Z. 1 f.).

3. Zusammenfassende Bewertung

Die Funktion der Bedienerin innerhalb der gesamten Erzählung besteht darin, in vielfacher Hinsicht einen Kontrast zu Gregor zu bilden. Während er an der Welt und seiner Außenseiterposition zugrunde geht, kann sie sich trotz ihres Alters und anderer Widrigkeiten erstaunlich gut behaupten. Ihre Vitalität und Unerschrockenheit verschärfen seine

Isolation innerhalb der Wohnung und der Familie noch um ein Vielfaches. Zudem zeigt ihre Wortwahl besonders drastisch die Degradierung Gregors von einem Tier zu einem bloßen Gegenstand. Als Figur der Außenwelt veranschaulicht die Bedienerin, was mit einem gesellschaftlichen Außenseiter im schlimmsten Fall geschieht.

Die Zimmerherren

Von ihrem Äußeren sind die drei Zimmerherren nicht voneinander zu unterscheiden. Alle drei „ernsten Herren" (S. 48, Z. 7) tragen einen Vollbart, der nicht nur die Gesichtszüge und Mimik verdeckt, sondern auch das von ihnen Gesagte (vgl. S. 49, Z. 22 f.) dämpft, sodass sich hieraus keine Aussage über ihre Charakterzüge ableiten lässt. Von ihrem Status als Untermieter und ihrem sehr raumgreifenden Verhalten in der Wohnung lässt sich auf ihre vergleichsweise hohe Position schließen.

1. Personalien, sozialer Status und äußeres Erscheinungsbild

Auch ihr Verhalten ist von Gleichförmigkeit und Uniformität gekennzeichnet, wird allerdings massiv von dem Mittleren der drei gesteuert, der als „Autorität" (S. 49, Z. 14) zu gelten scheint und entsprechend in allen Belangen und Forderungen als Wortführer auftritt. So begegnen sie der Familie und dem Leser im Kollektiv und weisen keinerlei individuelle Charakterzüge auf.

2. Wesentliche Charaktereigenschaften und Verhaltensweisen

Die Zimmerherren als Kollektivfiguren, ...

Seit ihrer Ankunft verhalten sie sich der Familie gegenüber sehr anspruchsvoll und bisweilen tyrannisch. Schon das Mitbringen der eigenen Möbel in die Wohnung weist darauf hin, dass sie sich nicht nur räumlich in der Familie ausbreiten, sondern auch den familiären Gepflogenheiten ihren Stempel aufdrücken wollen (vgl. S. 48, Z. 10 ff.). Die Familienmitglieder werden förmlich an den Rand gedrängt und verlassen ihre angestammten Plätze. Beim Essen, das die Frauen der Familie für sie zubereiten, entsteht aus dem angestrengten Bemühen heraus, ihnen alles recht zu machen, eine angespannte Atmosphäre.

... als Tyrannen, ...

Besonders in ihrem Verhältnis zum Essen stehen sie in äußerstem Kontrast zu Gregor. Während sie mit großem Appetit und unter hörbaren Kaugeräuschen vor allem Fleisch essen, kann Gregor mit seinen zahnlosen Kiefern fast nichts mehr herunterbringen (vgl. S. 49, Z. 10ff.). Umgekehrt verhält es sich beim Violinspiel der Schwester. Während dieses für Gregor „der Weg zu der ersehnten unbekannten Nahrung" (S. 51, Z. 17f.) sein könnte und damit existenzielle Bedeutung gewinnt, betrachten sie es lediglich als eine willkommene Zerstreuungsmöglichkeit und sind schnell gelangweilt (vgl. S. 51, Z. 6ff.). Allem Anschein nach haben sie keinen Sinn für Musik, sondern wollen vor allem bedient und unterhalten werden (vgl. S. 52, Z. 6ff.). Ihr fehlender Sinn für ideelle Werte macht sie zu Materialisten.

... als Materialisten ...

Auffällig ist auch ihre Pedanterie. Ihr überaus ausgeprägter Ordnungs- und Reinlichkeitssinn führt dazu, dass alles Unordentliche und Schmutzige in Gregors Zimmer verbannt wird, wo er langsam im Staub erstickt. Als sie das Ungeziefer schließlich erblicken, sind für sie die „widerlichen Verhältnisse" (S. 53, Z. 1f.) ein Kündigungsgrund. Unerbittlich pochen sie auf ihr Recht, für die Dauer ihres Aufenthaltes nicht zahlen zu müssen. Sie repräsentieren damit den Typus des übergenauen und zugleich engherzigen Bürokraten.

... und als Bürokraten

In ihrer Dreizahl sind sie in auffallender Parallelität zu Vater, Mutter und Schwester konstruiert. Anders als diese treten sie jedoch nicht als Individuen mit ausgeprägten und bestimmbaren Charaktereigenschaften, sondern als Kollektiv ohne jedes erkennbare Profil auf, was ihre grotesk-bedrohliche Wirkung unterstreicht. Als Randfiguren erfüllen sie im Wesentlichen eine symbolische Funktion im Hinblick auf die Veranschaulichung der Machtverhältnisse und -strukturen der Familie. Sie treten zum Zeitpunkt der äußersten Not der Familie auf, wobei ihr Erscheinen bei dieser zuneh-

Die erzählerische Funktion der Zimmerherren

mende Unterwürfigkeit und Schwäche auslöst. Es lässt sich vermuten, dass sich auf einer tieferen Ebene durch ihre Anwesenheit eine Art Endstadium dessen spiegelt, was mit Gregors Verwandlung seinen Anfang genommen hat: die Störung familiärer Bindungen und die daraus resultierende allseitige Entfremdung. Hierfür spricht auch, dass nach Gregors Tod die Samsas erstarken. Es kommt zu einer erneuten Konfrontation mit umgekehrter Machtverteilung. Die Familienmitglieder bauen sich „in einer Linie" (S. 58, Z. 17) vor dem mittleren Herren auf, der interessanterweise nun allein dasteht.

Die Zimmerherren fungieren einerseits als Kontrast zu Gregor, andererseits als Spiegelbild der desolaten und zerrütteten Lage der Familie kurz vor seinem Tod. Als seltsame, bedrohliche Kollektivwesen übernehmen sie schnell die Kontrolle über das geschwächte Familiensystem. Sobald sie auftauchen, verwandeln sie das Leben in der Familie durch ihre Tyrannei, Bürokratie und ihren Materialismus. Insofern die Familie die Gesellschaft im Kleinen widerspiegelt, kann man an ihnen die Gefahren für die menschliche Gesellschaft ablesen.

3. Zusammenfassende Bewertung

Der Blick auf den Text:
Die Textanalyse

Einen Textauszug analysieren –
Tipps und Techniken

Für die Analyse eines Textauszugs stehen grundsätzlich zwei verschiedene Methoden zur Auswahl: die Linearanalyse und die aspektgeleitete Analyse.

In der **Linearanalyse** werden die einzelnen Abschnitte systematisch analysiert, das heißt ihrer Reihenfolge nach. Dies führt in der Regel zu genauen und detaillierten Ergebnissen. Allerdings besteht dabei die Gefahr, dass zu kleinschrittig gearbeitet wird und die übergeordneten Deutungsaspekte des Auszugs aus dem Blick geraten.

In der **aspektgeleiteten Analyse** werden diese Deutungsschwerpunkte von vornherein festgelegt. Daraus ergibt sich in der Regel eine problemorientierte und zielgerichtete Vorgehensweise. Dabei werden jedoch die Deutungsaspekte, die nicht im Fokus des Interesses stehen, vernachlässigt.

Aufbauschema:

1. Einleitung:
Themensatz: Autor, Titel, Textsorte, Erscheinungsjahr, Thema, kurze Inhaltsangabe

2. Einordnung des Textauszugs in die Erzählung:
Was geschieht vorher, was nachher?

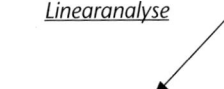 *Linearanalyse*

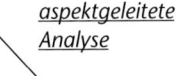 *aspektgeleitete Analyse*

3. Inhaltlicher Aufbau:
● Auflistung der Textabschnitte/ Textgliederung

3. Untersuchungsschwerpunkte:
● Auflistung der ausgewählten Untersuchungsaspekte

4. Beschreibung und Deutung der unter 3. angegebenen Textabschnitte:
● Aussagen zum Inhalt des Abschnitts
● Aussagen zur Deutung, Einbettung in den Zusammenhang der Erzählung
● Einbezug der sprachlichen Gestaltung
● Überleitung zum nächsten Textabschnitt

4. Beschreibung und Deutung der unter 3. angegebenen Aspekte:
● Benennen des jeweiligen Aspekts
● Aussagen zur Deutung, Einbettung in den Zusammenhang der Erzählung
● Einbezug der sprachlichen Gestaltung

5. Schluss:
● Zusammenfassung der Ergebnisse
● Einordnung in einen größeren Deutungszusammenhang
● Bewertung

Beispiel für eine lineare Textanalyse

Rückkehr und Angriff des Vaters
(S. 40, Z. 15 – S. 42, Z. 15)

Aufgaben:

1. Geben Sie den Inhalt des Textauszugs kurz in eigenen Worten wieder und ordnen Sie diesen in den Gesamtzusammenhang der Erzählung „Die Verwandlung" ein.

2. Zeigen Sie die Entwicklung auf, die Gregors Vater in der Erzählung durchläuft.

3. Deuten Sie in diesem Zusammenhang die Verwandlung Gregors in ein Insekt.

Einleitung: Themensatz und Hinführung

Der Textauszug stammt aus der Erzählung „Die Verwandlung" von Franz Kafka, entstanden im Jahr 1912 und erstmals erschienen 1915. Diese thematisiert die Entfremdung des Einzelnen von sich selbst und der Gemeinschaft am Beispiel eines Menschen, der sich aus unerfindlichen Gründen in ein riesiges Ungeziefer verwandelt hat. Im Kreise seiner Familie, bei der er lebt, bewirkt seine Metamorphose tief greifende Veränderungen und Konflikte, die aus ökonomischen und emotionalen Abhängigkeiten resultieren. Als krisenhaft erweist sich insbesondere die Beziehung zum Vater, welcher seinem verwandelten Sohn feindselig gegenübersteht. Jede Bewegung aus Gregors Zimmer heraus deutet er als Angriff und ist bestrebt, ihn von der übrigen Familie fernzuhalten.

Einordnung des Textauszugs in die Erzählung

Der Textauszug setzt ein, nachdem erzählt wird, wie die Frauen der Familie versucht haben, Gregors Zimmer auszuräumen, um ihm mehr Platz zum Kriechen zu verschaffen. Nach anfänglicher Zustimmung befürchtet Gregor, dass der Prozess der Entmenschlichung hierdurch weiter vorangetrieben wird, und wehrt sich dagegen. Seine Mutter fällt bei dem Anblick eines auf einem Bild an der Wand klebenden Rieseninsekts in Ohnmacht und wird von ihrer Tochter Grete im Nebenzimmer versorgt. Aus Besorgnis folgt Gregor den Frauen und befindet sich demnach außerhalb seines Zimmers, als der Vater heimkehrt.

Im ersten Abschnitt der Szene (S. 40, Z. 15 – S. 41, Z. 4) wird das auffällig kraftvolle äußere Erscheinungsbild des Vaters beschrieben, welches im Gegensatz zu der früheren Schwerfälligkeit und Schwäche steht. Der zweite Abschnitt thematisiert die anschließende Treibjagd durch das Zimmer (S. 41, Z. 4 – 22), während der dritte Abschnitt (S. 41, Z. 22 – S. 42, Z. 6) deren Ende beschreibt: Der Vater beginnt, seinen Sohn mit Äpfeln zu bombardieren. Er verletzt ihn dadurch schließlich schwer. Der vierte und letzte Abschnitt (S. 42, Z. 6 – 15) beschreibt die Rettung Gregors durch die Mutter.

Inhaltlicher Aufbau

Im ersten Abschnitt werden die Verwunderung und das ungläubige Staunen über die Veränderungen des Vaters thematisiert. Eingeleitet werden diese durch die rhetorische Frage „Trotzdem, trotzdem, war das noch der Vater?" (S. 40, Z. 15 f.). Eine ausführliche Schilderung des allgemeinen Zustandes „früher" (S. 40, Z. 17) wird in zwei langen Satzgefügen dem jetzigen Zustand gegenübergestellt. Das Geschehen wird hier – wie auch in der gesamten Erzählung – aus der personalen bzw. einsinnigen Perspektive Gregors geschildert. So lässt sich vermuten, dass die stark antithetische Wahrnehmung und Beschreibung des Vaters vor und nach seiner eigenen Verwandlung vom Familienernährer zum parasitären Insekt stark von dessen Gefühlen geprägt sind und daher nicht die objektive Wirklichkeit abbilden.

Deutung der Textabschnitte: 1. Abschnitt: Vergleich zwischen der früheren und heutigen äußeren Erscheinung des Vaters

Die neu erwachte Stärke zeigt sich unter anderem an der *Körperhaltung.* Lag er früher zumeist „müde im Bett vergraben" (S. 40, Z. 16), so baut er sich nunmehr „gut aufgerichtet" (S. 40, Z. 27) vor Gregor auf. Wie um seine neue

Die Vergleichskriterien: Körperhaltung, Kleidungsstil und Bewegungsabläufe

Position zu demonstrieren, tauscht er zudem den „Schlafrock" gegen „eine straffe blaue Uniform mit Goldknöpfen" (S. 40, Z. 18) ein, um auch durch den *Kleidungsstil* seine Macht zu demonstrieren. Zu dieser zackigen, militärisch anmutenden Beschreibung passt auch die neue, „peinlich genaue[...] [...] Scheitelfrisur" (S. 40, Z. 33), welche er aus seinem einst wirren, weißen Haar gemacht hat. Eindrucksvoll findet Gregor zudem den Ausdruck seiner Augen, die nicht länger müde und angespannt, sondern „frisch und aufmerksam" (S. 40., Z. 31 f.) wirken. Vitalität, Entschlussfreudigkeit und Stärke äußern sich weiter in den *Bewegungsabläufen* des Vaters. Statt wie früher nur mit Krückstock und sehr langsam herumzuwandern, ist er nunmehr in der Lage, seine Mütze „über das ganze Zimmer im Bogen auf das Kanapee" (S. 41, Z. 1 f.) hinzuwerfen und schließlich schnurstracks gegen den Sohn vorzugehen.

2. Abschnitt: Die Treibjagd Der zweite Abschnitt wird durch den thematischen Wechsel von der Betrachtung des Vaters zu der Schilderung seiner Treibjagd auf den Sohn eingeleitet. Seine Machtdemonstrationen erscheinen dem kriechenden Sohn umso gewaltiger, je stärker ihm seine eigene Ohnmacht bewusst wird. Die „Riesengröße seiner Stiefelsohlen" (S. 41, Z. 6 f.) nimmt er nicht zuletzt deshalb als überdimensional wahr, als er selbst fürchten muss, zertreten und erniedrigt zu werden. Es scheint, als ob nicht nur Gregor, sondern auch der **Der Zusammenhang zwischen der Macht des Vaters und der Ohnmacht des Sohnes** Vater eine Metamorphose durchgemacht hat, die gegengleich zu der seines Sohnes verläuft. Für Gregor bedeutet die Veränderung des Vaters Lebensgefahr, denn er weiß, dass der Vater ihm gegenüber „nur die größte Strenge für angebracht" (S. 41, Z. 9) hält. Der Kampf zwischen den Rivalen basiert auf der Ungleichheit der Kontrahenten und ähnelt einer Treibjagd. Der Vater übernimmt dabei die Rolle des Aggressors, während Gregor ausweichend reagiert. Seine Bewegungen bestehen lediglich darin, die des Vaters zu imitieren (vgl. S. 41, Z. 9 ff.). Seine überwältigende

Angst hindert ihn zudem daran, seinen Insektenkörper für die Flucht oder einen möglichen Gegenangriff angemessen zu nutzen. Das langsame Tempo, in welchem diese Jagd vonstattengeht, nimmt ihr zunächst jegliche dramatische Spannung und lässt einen Eindruck von Lächerlichkeit aufkommen.

Für Gregor bedeutet dieser Auftakt indes eine völlige Zermürbung seiner Kräfte. Körperlich macht ihm Atemnot zu schaffen, welche ihm das letzte Vertrauen in seine eigenen Kräfte raubt (vgl. S. 41, Z. 20 ff.). Seine Angst steigert sich schließlich so sehr, dass der Kampf schon frühzeitig entschieden scheint. Dabei wird deutlich, dass es bei diesem Kräftemessen besonders auch um die mentale Stärke geht: Bevor es zum gezielten Angreifen kommt, führt der Vater Gregors Kleinheit, seine Unfähigkeit und seine Schwäche geradezu vor. Dabei erscheint die Position des Sohnes umso nichtswürdiger, als die für ihn bedrohliche Treibjagd für den Außenstehenden noch nicht einmal „den Anschein einer Verfolgung" (S. 41, Z. 14) hat.

Die gesteigerte Angst Gregors als Ursache seiner Zermürbung

Erst im dritten Abschnitt wird erzählt, wie der Vater zum eigentlichen Angriff übergeht. Als Waffe benutzt er Äpfel, die er sich in die Taschen füllt, um sie als Wurfgeschosse zu benutzen. Der Apfel erinnert an den biblischen Mythos von der Vertreibung aus dem Paradies. Während er dort als Symbol der Trennung zwischen Gott und Mensch gilt, verweist er hier auf den Versuch des Vaters, seinen Sohn aus dem Familienleben zu drängen. In beiden Fällen fungiert er demnach als Zeichen für Entfremdung und Isolation. Der Apfel, der in Gregors Rücken stecken bleibt und dort langsam verfault (vgl. S. 42, Z. 2), lässt sich demnach als eine seelische Wunde verstehen. Gregor geht an der abweisenden und ihn ausschließenden Haltung seiner Familie und der Gesellschaft zugrunde.

3. Abschnitt: Der Apfelwurf

Der Apfel als Symbol für Entfremdung und Krieg

Neben den Anklängen an die Bibel werden bei der Beschreibung des Angriffs durch den Vater sprachlich durch die Verwendung des Kriegsjargons („bombardieren", S. 41, Z. 31 f.) beim Leser innere Bilder von Zerstörung und Tod geweckt. Die sich an den letzten Apfelwurf anschließende Lähmung sowie die „vollständige[...] Verwirrung" (S. 42, Z. 5 f.), die sich Gregors bemächtigen, deuten zudem bereits auf sein tragisches Ende hin.

4. Abschnitt: Der Rettungsversuch der Mutter

Im letzten Abschnitt werden in einem einzigen, lang gezogenen Satzgefüge die Wahrnehmungen Gregors in chronologischer Reihenfolge beschrieben. Die aus ihrer Ohnmacht erwachte Mutter ist es, die die Fortsetzung des Angriffs und Gregors sicheren Tod verhindert. Ihre Rettungsaktion besteht darin, halb entkleidet auf den Vater zuzulaufen und „in gänzlicher Vereinigung mit ihm" (S. 42, Z. 13 f.) darum zu bitten, den Sohn zu verschonen. Ihre angespannte Situation resultiert dabei aus ihrer Doppelrolle als Ehefrau und Mutter, der sie in dieser Situation kaum gleichzeitig gerecht werden kann.

Die Vereinigung zwischen Vater und Mutter und Gregors Rückfall in ein kindliches Entwicklungsstadium

Durch die Tatsache, dass sie beim Laufen ihre Röcke verliert und nicht argumentativ, sondern sinnlich-körperlich eingreift, haftet der Szene eine sexuelle Komponente an. Die Eltern werden hier trotz ihrer Meinungsverschiedenheit als Paar vorgestellt, das selbst dann nicht entzweit auftritt, wenn es um Leben oder Tod des Kindes geht. Gregor, der dies aus der Perspektive des Kindes wahrnimmt, muss einsehen, dass der Bund der Eltern unantastbar ist. Er, das Kind, spielt nur eine untergeordnete Rolle im Familienleben. Seine nachlassende Sehkraft zeigt, dass er diese Erkenntnis am liebsten verdrängen will (vgl. S. 42, Z. 14). Die Szene endet schließlich schlagartig und ähnelt damit einem Filmriss. Es lässt sich vermuten, dass Gregor ohnmächtig geworden ist, da nicht weiter beschrieben wird, wie er in sein Zimmer zurückgelangt.

Schluss

Im Gesamtzusammenhang der Erzählung handelt es sich um eine Schlüsselszene, in deren Zentrum der Vater-Sohn-Konflikt steht. Dabei wird deutlich, wie dieser ursächlich mit der Verelendung und schließlich dem Tod Gregors verbunden ist: Wegen der problematischen Familienbeziehungen können die beiden Rivalen offensichtlich nicht friedlich nebeneinander existieren und dabei psychisch und physisch gesund bleiben – des einen Schwäche bedingt eine Stärkung des anderen. Seine Verwandlung bringt den Sohn dabei in die unterlegene Position und bedingt den endgültigen Rückfall in ein unterlegenes, kindliches Entwicklungsstadium. Gregor bleibt der ewige Sohn, der sich nicht vom Vater emanzipieren kann, auch wenn dieser ihn zu zerstören droht. Seine endgültige Vernichtung kann nur durch ein Eingreifen der Mutter aufgeschoben, aber nicht verhindert werden.

Beispiel für eine aspektgeleitete Textanalyse

Die Zimmerherren und Gregor – Modelle zweier kontrastierender Lebensweisen (S. 47, Z. 35 – S. 51, Z. 18)

> *Aufgaben:*
>
> *1. Ordnen Sie den Textauszug in den Handlungsverlauf ein und skizzieren Sie seine Bedeutung.*
>
> *2. Untersuchen Sie insbesondere den körperlichen und seelischen Zustand Gregors und die Ursachen.*
>
> *3. Beziehen Sie die erzählerische Gestaltung der Passage in Ihre Überlegungen ein.*

In der Erzählung „Die Verwandlung" von Franz Kafka, entstanden im Jahr 1912 und erstmals erschienen 1915, geht es um das Schicksal eines radikalen Außenseiters, welcher sich von jeglicher Form menschlicher Gemeinschaft immer weiter entfernt und schließlich daran zugrunde geht. Erzählt wird die Geschichte des Handlungsreisenden Gregor Samsa, welcher sich aus unerklärlichen Gründen zu einem

Einleitung: Themensatz und Hinführung

Insekt verwandelt in seinem Bett findet, im Kreise seiner Familie ein immer jämmerlicheres Dasein fristet und schließlich stirbt.

Einordnung des Textauszugs in die Erzählung

Der zu analysierende Textauszug setzt ein, nachdem die Familienangehörigen Gregors aufgrund seines beruflichen Ausfalls und der daraus resultierenden finanziellen Notlage beschlossen haben, ihr Schicksal selbst in die Hand zu nehmen. Alle drei gehen nun einer Erwerbsarbeit nach, stellen für die gröbsten Hausarbeiten eine Bedienerin ein und vermieten ein Zimmer der Wohnung an drei Untermieter, die sogenannten Zimmerherren. Damit öffnet sich die Familie, deren Leben vor Gregors Verwandlung ausschließlich im engen Kreis stattgefunden hat, zunehmend der Außenwelt. Für Gregor hat dies fatale Folgen, denn er rückt immer weiter aus dem Fokus seiner Angehörigen. Die Folge ist eine zunehmende Vernachlässigung.

Untersuchungsschwerpunkte: Die Motive des Zimmers, der Nahrung und der Musik

In dem Textauszug geht es vor allem um die physische und psychische Verwahrlosung Gregors, die schließlich zu seinem Tod führt. Dass es sich bei seinem Verfall um einen Prozess handelt, der verschiedene Dimensionen seines Daseins berührt, wird durch die Motive des räumlichen Zustands im *Zimmer,* der *Nahrung* sowie der *Musik* veranschaulicht. Die Motive werden jeweils doppelt, einmal in Bezug auf Gregor, das andere Mal in Bezug auf die Zimmerherren, behandelt. Dabei stehen die jeweiligen Aussagen einander antithetisch gegenüber: Dem heruntergekommenen Zustand Gregors wird die vitale und kräftige Konstitution der Zimmerherren entgegengesetzt.

Das Motiv des Zimmers als Symbol für die Ordnung in Familie und Gesellschaft

Die Veränderung des räumlichen Zustands in den Zimmern der Wohnung hängt vor allem mit dem Einzug der Zimmerherren zusammen. Diese nehmen weit mehr als das ihnen untervermietete Zimmer ein und machen sich buchstäblich „breit". Dies erweist sich als besondere Belastung für die Samsas, einerseits, weil „sie [Zimmerherren] zum größten Teil ihre eigenen Einrichtungsstücke mitgebracht"

(S. 48, Z. 13 f.) haben, und andererseits „peinlich auf Ordnung" (S. 48, Z. 9) bedacht sind. Alles Überflüssige, Unordentliche und Schmutzige wird nun wahllos in Gregors
Zimmer untergebracht, das dadurch zur Rumpelkammer
verkommt (vgl. S. 48, Z. 4 ff.).

Der verkommene Raum zeigt die zunehmende Degradierung Gregors zum bloßen Gegenstand durch sein Umfeld:
Zusammen mit der Aschen- und Abfallkiste (vgl. S. 48,
Z. 17) und genauso wenig beachtet wie diese fristet er sein
Dasein. Noch deutlicher hätte man ihm seine Nutzlosigkeit
und seinen Verfall nicht vor Augen führen können. Je weiter
sich die Zimmerherren in ihrer Pedanterie langsam in allen
Räumen der Wohnung ausbreiten, umso kleiner und enger
wird der Raum, der Gregor noch zum Leben bleibt. Dieser
sich hier innerfamiliär abspielende Prozess hat durchaus
auch eine gesellschaftskritische Dimension: Wo ein gewisses
Maß an Chaos, körperlicher Schwäche oder Nutzlosigkeit
nicht akzeptiert wird, kommt es schließlich auch zur Äch-
tung sowohl von Eigenschaften als auch von Personengrup-
pen, die der Norm nicht entsprechen. Diese müssen um der
Ordnung willen verdrängt, an den Rand der Gesellschaft
gepresst oder gar vernichtet werden.

*Die Raumsymbo-
lik und ihre
gesellschafts-
kritische
Aussagekraft*

Das Opfer dieses Prozesses ist Gregor, der unter seiner
Nichtbeachtung und Vernachlässigung so sehr leidet, dass
ihm nach den Wanderungen durch sein Zimmer „zum
Sterben müde und traurig" (S. 48, Z. 28 f.) zumute ist. Als
Zeichen einer wachsenden depressiven Verstimmung lässt
sich neben dem nachlassenden Bewegungsdrang (vgl.
S. 48, Z. 29) auch eine zunehmende Appetitlosigkeit feststellen (vgl. S. 47, Z. 35). Gregors Ernährungsschwierig-
keiten haben bereits zuvor in der Erzählung eine Rolle gespielt. Auf den veränderten Appetit, eine Begleiterschei-
nung seiner Vertierung, hat damals nur die Schwester
fürsorglich reagiert. Sie hat ihn dadurch vor dem Verhungern bewahrt (vgl. S. 23, Z. 19 ff.). Durch ihre Abwendung

*Das Motiv der
Nahrung als
Symbol für
Lebenswillen
und Lebens-
orientierung*

auf sich gestellt, isst Gregor „nun fast gar nichts mehr" (S. 47, Z. 35). Es wird deutlich, dass Gregors Appetitlosigkeit eine psychische Ursache hat. Da niemand mehr um sein Wohl besorgt ist, lässt auch sein Lebenswille langsam nach. Nur sehr vage erahnt er selbst einen tieferen Grund, wenn er mutmaßt, „es sei die Trauer über den Zustand seines Zimmers, die ihn vom Essen abhalte" (S. 48, Z. 1 f.).

Die Esskultur der Zimmerherren als Symbol für ihre raumgreifende Lebensweise

Dem steht der ausgesprochen gute Appetit der Zimmerherren gegenüber. Diese lassen sich ausgiebig von den Frauen der Familie bedienen und verdrängen diese gar von ihren angestammten Plätzen am Familientisch (vgl. S. 49, Z. 5 ff.). Aufdringlich prüfen sie den Zustand der Speisen, wobei der Anführer sogar „ein Stück Fleisch noch auf der Schüssel" (S. 49, Z. 14 f.) zerschneidet. In dieser Geste drückt sich eine große Gier aus. Die Zimmerherren fragen nicht lange, sie nehmen sich einfach, was sie wollen, und behandeln dabei ihre Mitmenschen als Bedienstete. Ihr Lebenswille ist so stark, dass sie ihn zur Not auch gegen die Bedürfnisse und den Willen anderer durchsetzen wollen. Ihre Tendenz, sich mit den Speisen auch den Besitz anderer einzuverleiben und sich raumgreifend in deren Leben auszubreiten, wird durch ihre „kauenden Zähne" (S. 49, Z. 26) veranschaulicht. Gregor erlebt dies als Provokation, so, als wollten die Herren ihm zeigen, „dass man auch mit den schönsten zahnlosen Kiefern nichts ausrichten könne" (S. 49, Z. 28 f.). Die Ausgestaltung des Nahrungsmotivs zeigt, dass die Lebensweise der Zimmerherren derjenigen Gregors überlegen ist und gleichsam droht, seine zu zerstören (vgl. S. 49, Z. 30 f.).

Das Motiv der Musik als Symbol für geistige und künstlerische Interessen

Das Überleben Gregors könnte nur gesichert werden, wenn es ihm gelänge, eine Nahrung zu finden, auf die er Appetit hat. Er weiß, dass es nicht „diese Dinge" (S. 49, Z. 30) sind, die seine Sehnsucht stillen und seinen Willen zum Leben aufrechterhalten können. Eine Ahnung von dem „Weg zu der ersehnten unbekannten Nahrung" (S. 51, Z. 18) erschließt sich ihm durch das Violinspiel der Schwester. Die Musik als Teil der Künste stellt einen Wert dar, der sich von den materiellen Interessen der Zimmerherren, also ihrer „Nahrung", unterscheidet. Gregor findet sogleich einen Zugang zur Musik, indem er sich von ihr völlig ergreifen lässt (vgl. S. 51, Z. 17), jegliche Vorsichtsmaßnahmen vergisst und aus seinem Zimmer kommt. Die Anziehungskraft, die von dem Violinspiel ausgeht, ist eng verknüpft mit der Sehnsucht nach seiner Schwester, für die er erotische Gefühle hegt.

Musik und Liebe als lebenserhaltende „Speise" – die Haltung Gregors

Während Gregor die musizierende Schwester beinahe anbetungsvoll verehrt, verlangen die Zimmerherren aus völlig anderen Motiven heraus, dass die Schwester bei ihnen im Wohnzimmer spielt. Dass sie sich dabei „viel zu nahe hinter [das] Notenpult der Schwester" (S. 51, Z. 1 f.) stellen, zeigt wiederum ihre besitzergreifende Haltung gegenüber Dingen und Menschen. Nur zur Zerstreuung erwarten sie „ein schönes oder unterhaltendes Violinspiel" (S. 51, Z. 7 f.), ohne sich dabei jedoch wirklich von dem Dargebotenen berühren zu lassen. Sie scheinen schnell gelangweilt zu sein und demonstrieren in unverschämter Offenheit ihr Desinteresse (vgl. S. 51, Z. 6 ff.). Die Musik gewinnt für sie keinerlei tiefere Bedeutung, sondern bleibt lediglich Mittel zum Zweck einer oberflächlichen Berieselung. Ironischerweise ist es also ausgerechnet das Tier Gregor, welches zu tiefen Empfindungen fähig ist – und nicht die „menschlichen" Zimmerherren. Die Paradoxie äußert Gregor selbst in Form einer rhetorischen Frage: „War er ein Tier, da ihn Musik so ergriff?" (S. 51, Z. 16 f.)

Musik als Zerstreuung – die Haltung der Zimmerherren

Nicht zufällig stehen sich die Positionen und Interessen der Zimmerherren und Gregors in jeglicher Hinsicht unversöhnlich gegenüber. Der Kontrast verweist auf zwei unterschiedliche Lebensweisen. Ist Gregor in hohem Maße empfindungsfähig, so sind die Zimmerherren wenig einfühlsam und erwarten von ihren Mitmenschen in erster Linie die

Die antithetischen Eigenarten der Zimmerherren und Gregors als Modelle zweier Lebensentwürfe

Erfüllung ihrer Bedürfnisse: den Genuss. Diesen kann die materielle Welt bieten, in der sie leben und sich ausbreiten, ohne sie weiter gedanklich zu durchdringen. Gregor dagegen lassen das Weltliche und Materielle völlig kalt. Er ist außerstande, daran wirklich Gefallen zu finden, und kann entsprechend auch nicht teilhaben. Symbolisch wird dies durch seine Appetitlosigkeit ausgedrückt. Die Folge ist eine immer größere Entfernung von der Welt der anderen, von der er ausgeschlossen ist und auf die er lediglich beobachtend-reflektierend schaut. Er versteht die Musik als für ihn letzte noch verbleibende Möglichkeit, eine für ihn geeignete Nahrung zu finden, dadurch mit der Welt verbunden zu werden und am Leben zu bleiben. Dass er kurz darauf auch von dem ausgeschlossen wird, was ihn erlösen könnte, bedeutet sein Todesurteil.

Schluss In dem Textauszug werden durch die Entfaltung der Motive des Zimmers, der Nahrung und der Musik zwei Lebensentwürfe verdeutlicht, welche offenbar nicht friedlich nebeneinander bestehen können. Da die Existenzform, die durch die Zimmerherren veranschaulicht wird, derart raumgreifend, vital und vereinnahmend ist, bleibt für den alternativen Lebensentwurf Gregors buchstäblich kein Raum mehr. Dessen Lebensproblematik wird durch den Kontrast zu dem unbeschwerten Dasein der Zimmerherren in seiner ganzen Schärfe und Tragik deutlich. Die Logik, die in dieser Gegenüberstellung liegt, deutet schon das endgültige Ausscheiden Gregors aus dem Leben an. Die Funktion des Textauszugs besteht demzufolge darin, die Existenzweise Gregors als lebensuntüchtig zu kennzeichnen und den Leser auf das kommende Ende vorzubereiten.

Die Unterlegenheit von Gregors Existenzweise und die Vorausdeutung auf seinen Tod

Der Blick auf die Prüfung: Themenfelder

Dieses Kapitel dient zur unmittelbaren Vorbereitung auf die Prüfung: Schulaufgabe bzw. Klausur oder schriftliche bzw. mündliche Abiturprüfung. Die wichtigsten Themenfelder werden in einer übersichtlichen grafischen Form dargeboten. Außerdem verweist eine Liste mit Internetadressen und Literaturangaben (S. 138–141) auf mögliche Quellen für Zusatzinformationen.

Die schematischen Übersichten können dazu genutzt werden,
- wesentliche Deutungsaspekte der Erzählung kurz vor der Prüfungssituation im Überblick zu wiederholen,
- die Kerngedanken der Erzählung noch einmal selbstständig zu durchdenken und
- mögliche Verständnislücken nachzuarbeiten.

Zum Verständnis der Schemata ist die Kenntnis der vorausgehenden Kapitel unerlässlich. Die folgenden Schwerpunktsetzungen beruhen auf Erfahrungen aus jahrelanger Prüfungspraxis. Die Übersicht III (Vergleichsmöglichkeiten mit anderen literarischen Werken, S. 136) soll als Anregung dienen, um den eigenen Lektürekanon auf möglicherweise interessante Vergleichspunkte hin abzuklopfen.

Übersicht I: Untersuchungsaspekte der Erzählung „Die Verwandlung"

„Die Verwandlung" – Untersuchungsaspekte

Das Außenseitermotiv
Gregor Samsa als Außenseiter in Familie und Gesellschaft
- Die „Vertierung", die verschiedene Phasen durchläuft, als Prozess schleichender systematischer Ausgrenzung
- Die Familie als Modell der Gesellschaft: Parallelen zwischen den innerfamiliären und verschiedenen Formen gesellschaftlicher Ausgrenzung

Die Figuren und ihre Beziehungen zueinander
Charaktere und Typen in der Erzählung „Die Verwandlung"
- Die weiblichen Erzählfiguren (Mutter, Schwester, Pelzdame): traditionelle oder unzeitgemäße Frauenbilder?
- Gregors Verhältnis zu Frauen
- Die innere und äußere Entwicklung der Vaterfigur in Abhängigkeit zu der Verwandlung des Sohnes
- Die „Typen" der Erzählung (Prokurist, Bedienerin, Zimmerherren) als Verkörperung von Lebensmodellen und -prinzipien
- Die innere und äußere Entwicklung der Schwester

Das Nahrungsmotiv
„Nahrung" als Metapher für den Lebenssinn, Lebensinhalt und Lebenswillen
- Kontrast zwischen dem Appetit der Zimmerherren und der Appetitlosigkeit Gregors als Symbol für deren jeweiliges Verhältnis zum Leben
- materialistische und idealistische Lebensmodelle im Vergleich

Die Bedeutung der Räume
Die Raumaufteilung in der samsaschen Wohnung als Symbol für äußere und innere Befindlichkeiten der Hauptfigur
- Die Lage von Gregors Zimmer als Hinweis auf den familiären und beruflichen Druck
- Das Verschließen der Türen von innen und von außen als Symbol für die Ursache und Richtung der Ausgrenzung
- Das Zurückdrängen Gregors in sein Zimmer als Zeichen für die Abschiebung in die totale Isolation

Übersicht II: Das Ungeziefermotiv

Das Ungeziefer

Psychoanalytisch
Ausdruck des Rückfalls in ein überwundenes Entwicklungsstadium
- Vater-Sohn-Konflikt als Symptom des Ödipuskomplexes
→ Folge: Verhinderung der emotionalen und sexuellen Reifung sowie bleibende Kindlichkeit des Sohnes

Biografisch
Ausdruck aktueller lebensgeschichtlicher Fragen und Probleme des Autors
- Gefühl der Entfremdung von der eigenen Familie, innerfamiliäre Konflikte (insbesondere mit dem Vater Hermann Kafka)
- Minderwertigkeitsgefühl infolge der eigenen Junggesellenexistenz bei gleichzeitiger Idealisierung der Ehe
- Gefühl des „Andersseins", entfernte Position des Künstlers bzw. Schriftstellers von der übrigen Gesellschaft
→ Folge: mangelndes Zugehörigkeitsgefühl, Suche nach der eigenen Identität

Gesellschaftskritisch
Ausdruck eines durch soziale und gesellschaftliche Mechanismen erniedrigten Menschen
- Ausbeutung von Arbeitern und Angestellten in der modernen Arbeitswelt
- totale Kontrolle bis in das Privatleben hinein
- Bürokratisierung
→ Folge: Verinnerlichung eines pathologischen Arbeitsethos, Selbstentfremdung

Metapher für das Judentum
Ausdruck der gesellschaftlichen Sonderrolle der Juden als Pariavolk (H. Arendt)
- Heimatlosigkeit als Ursache des Dilemmas vieler Juden weltweit, sich entweder anzupassen oder als rückständig zu gelten
- Spiegelung der Verachtung des jüdischen Volkes in der Ungeziefer-Metapher
- Ungeziefer als Ausdruck der Fremdheit, Nichtigkeit, des Ausgestoßenseins und des Stummseins
- Schicksal Gregor Samsas als visionäre Vorausschau auf die drohende Vernichtung eines Großteils der europäischen Juden

Übersicht III: Vergleichsmöglichkeiten mit anderen literarischen Werken

Figurenvergleiche, z. B.

- Vergleich des Vater-Sohn-Konflikts bzw. der beiden Figuren, z. B. in Friedrich Schillers Dramen „Don Carlos" und „Kabale und Liebe" sowie in Franz Kafkas Erzählung „Das Urteil" und in seinem „Brief an den Vater"
- Vergleich Gregors mit den Hauptfiguren literarischer Adoleszenzgeschichten, z. B. mit Hans Giebenrath in Hesses Werk „Unterm Rad"

Motivvergleiche, z. B.

- das Motiv der *Entfremdung* von der Familie in Franz Kafkas Parabel „Heimkehr"
- das Motiv des *Kontrollverlusts* in Franz Kafkas Parabel „Der Steuermann"
- das Motiv der *Verwandlung* in dem Märchen „Der Froschkönig"
- das *Ungeziefermotiv* in Gabriele Wohmanns Gedicht „Ich bin kein Insekt"
- das Motiv der *Identität als Sohn* in Gottfried Benns Gedicht „Ein Trupp hergelaufener Söhne schrie"

Franz Kafka: „Die Verwandlung"

Textvergleichende Interpretationen

- Vergleich von Erzählanfängen, z. B.
  – Vergleich zwischen dem Anfang von E. T. A. Hoffmanns spätromantischer fantastischer Novelle „Der Sandmann" und dem Anfang von Franz Kafkas Erzählung „Die Verwandlung"
  – Vergleich zwischen der Anfangssequenz aus Franz Kafkas Romanfragment „Der Prozess" und dem Erzählanfang von der Erzählung „Die Verwandlung"
- Vergleich des Erzählschlusses, z. B.
  – Vergleich zwischen dem Ende von Franz Kafkas Erzählung „Ein Hungerkünstler" und dem Erzählschluss von der Erzählung „Die Verwandlung"

Übersicht IV: Erzähltheoretische Aspekte

Erzählperspektive

- mit Ausnahme des letzten Abschnitts (ab dem Tod der Hauptfigur) *personales Erzählverhalten* aus der Sicht der Hauptfigur Gregor Samsa
- Einblicke in das Innenleben Gregors durch *innere Monologe und erlebte Rede*
- *Wechsel der Erzählperspektive* nach Gregors Tod: *szenisches Erzählen* und zum Teil *auktoriales Erzählverhalten*

Sprachliche Gestaltungsmittel

- sachlicher, nüchterner Sprachstil
- sprachliche Komplexität im Bereich der Syntax: vorwiegend hypotaktischer Satzbau, Nebensatzgefüge und Einschübe
  → differenzierter Einblick in das konkrete Leben als Insekt inmitten der Normalität einer bürgerlichen Familie

„Die Verwandlung"

Die Frage nach der Gattung

- Zugehörigkeit zur Gattung *Erzählung*
- Bezüge zu weiteren Erzählformen, z. B. zum *Märchen* (durch das Thema der Verwandlung eines Menschen zum Tier), zur *Parabel* (durch das verschlüsselte Aussageabsicht) und zur *Novelle* (durch die Kunstfertigkeit der formalen Gestaltung und die Ausgestaltung einer „unerhörten Begebenheit")

Formaler Aufbau der Erzählung

- Kapitel mit jeweils unterschiedlichen thematischen Schwerpunkten
  – Kapitel I thematisiert den *Beruf*, Kapitel II die *Familie* und Kapitel III die *innere Welt* und den *Tod Gregors*
  – parallele Gestaltung der Kapitelenden: Zurückdrängen Gregors (in den Kapiteln I und II durch den Vater, in Kapitel III durch die Schwester)
- leitmotivische Verwendung der Zahl 3: drei Kapitel, drei Zimmerherren, drei Angehörige Gregors (die ihrerseits eine Verwandlung durchlaufen) und drei Hausangestellte
- Verhältnis zwischen Erzählzeit und erzählter Zeit: Wechsel von *zeitdehnenden* (insbesondere im gesamten Kapitel I) und *zeitraffenden* (insbesondere bei der Beschreibung von Gregors Anpassungsprozess an seinen Tierkörper in Kapitel II) Erzählpassagen

Internetadressen

Unter diesen Internetadressen kann man sich zusätzlich informieren:

www.kafkaesk.de
(Homepage zu Kafka und zur Stadt Prag mit Hinweisen auf die Lebenswelt und das Werk des Dichters)

www.kafka.uni-bonn.de
(umfangreiche Materialsammlung inkl. Interpretationen und zeitgeschichtlichem Hintergrund)

members.aon.at/rieck
(Biografie, Primär- und Sekundärliteratur, Informationen zur aktuellen Forschungslage)

www.kades.de
(Kafka-Homepage mit Originaltexten und Hinweisen auf Interpretationsschwerpunkte)

www.franzkafka.de
(informative Seite des Fischer-Verlags zu Leben, Werk, Familie und Freunden Franz Kafkas sowie interessante biografische Anekdoten, genannt „Fundstücke[n]")

www.kafka-gesellschaft.de
(ständig aktualisierte Informationen zur aktuellen Forschungslage, Neuerscheinungen, Ausstellungen sowie weiterführenden Weblinks)

www.teachsam.de/deutsch/d_literatur/d_aut/kaf/kaf0.htm
(Forum für Schüler und Lehrer mit Textbeispielen, Aufgabenstellungen, Hinweisen zu Deutungsschwerpunkten sowie Beispielen für gelungene Schüleraufsätze)

www.franz-kafka.net
(Informationen zur Biografie Franz Kafkas)

www.youtube.com/watch?v=_H57OfsihAwm
(Trailer zu einer Literaturverfilmung)

www.youtube.com/watch?v=sQWBmH69uhU
(Hörbuchversion des Stücks)

www.bre.de/fernsehen/ard-alpha/sendungen/klassiker-
der-weltliteratur/franz-kafka-erzaehlung-die-verwand-
lung100.html
(Beitrag über Kafkas Erzählung und seine Romanfrag-
mente)

www.welt.de/kultur/article2167160/Ueber-FranzKafka-
darf-jetzt-gelacht-werden.html
(Feuilletonartikel aus der „Welt" anlässlich des 125. Ge-
burtstages Franz Kafkas)

http://bildungsserver.hamburg.de/die-verwandlung/

[Stand: 26.11.2014]

Literatur

Textausgabe

Franz Kafka: Die Verwandlung. Brief an den Vater und weitere Werke. Neuausgabe. Hg. v. Johannes Diekhans, erarbeitet, mit Anmerkungen versehen von Alexandra Wölke. Schöningh Verlag, Paderborn 2013

Abraham, Ulf: Franz Kafka. Die Verwandlung. Frankfurt a. M. 1993

Arendt, Hannah: Die verborgene Tradition. Acht Essays. Frankfurt a. M. 1976

Binder, Hartmut: Kafkas Verwandlung. Entstehung. Deutung. Wirkung. Frankfurt a. M. und Basel 2004

Franz Kafka: Briefe 1901–1924. Hg. v. Max Brod. New York 1958

Franz Kafka: Briefe an Felice und andere Korrespondenz aus der Verlobungszeit. Hg. v. Erich Heller und Jürgen Born. Frankfurt 1976

Franz Kafka. Die Verwandlung. Erläuterungen und Dokumente. Hg. v. Peter Beicken. Stuttgart 1983

Franz Kafka. Kritik und Rezeption zu seinen Lebzeiten 1912–1924. Hg. v. Jürgen Born. Frankfurt a. M. 1979

Franz Kafka: Tagebücher 1909–1923. Fassung der Handschrift. Hg. v. Hans-Gerd Koch. Frankfurt a. M. 1990

Janouch, Gustav: Gespräche mit Kafka. Aufzeichnungen und Erinnerungen. Frankfurt a. M. 1961

Robertson, Ritchie: Kafka. Judentum, Gesellschaft, Literatur. Stuttgart 1988

Sokel, Walter H.: Franz Kafka. Tragik und Ironie. Zur Struktur seiner Kunst. Frankfurt a. M. 1976

Stach, Rainer: Kafka. Die Jahre der Entscheidungen. Frankfurt a. M. 2004

Wagenbach, Klaus: Kafkas Prag. Ein Reiselesebuch. Berlin 1993

Wagnerová, Alena: Die Familie Kafka aus Prag. Frankfurt a. M. 2001

Zimmermann, Dieter: Kafka für Fortgeschrittene. München 2004

Verfilmung: Jan Nemec, Koproduktion ZDF/ORF; Sendetermin 1975, 1983; 60 Minuten

Notizen

Notizen

Notizen